"十三五"普通高等教育规划教材

会计综合技能实训

张红琴 主编

图书在版编目(CIP)数据

会计综合技能实训/张红琴主编. —上海:立信会计出版社,2017.11
 ISBN 978-7-5429-5620-0

Ⅰ.①会… Ⅱ.①张… Ⅲ.①会计学 Ⅳ.①F230

中国版本图书馆 CIP 数据核字(2017)第 286358 号

责任编辑　　王斯龙
封面设计　　南房间

会计综合技能实训

出版发行	立信会计出版社			
地　　址	上海市中山西路 2230 号	邮政编码	200235	
电　　话	(021)64411389	传　真	(021)64411325	
网　　址	www.lixinaph.com	电子邮箱	lxaph@sh163.net	
网上书店	www.shlx.net	电　话	(021)64411071	
经　　销	各地新华书店			
印　　刷	浙江省临安市曙光印务有限公司			
开　　本	787 毫米×1092 毫米　1/16			
印　　张	21			
字　　数	268 千字			
版　　次	2017 年 11 月第 1 版			
印　　次	2017 年 11 月第 1 次			
印　　数	1—2100			
书　　号	ISBN 978-7-5429-5620-0/F			
定　　价	42.00 元			

如有印订差错,请与本社联系调换

会计实训属于会计专业学生能力提升的主干课程,是一门实践性、操作性较强的课程。实训是对此类课程内容的进一步完善和作必要的补充。学生的会计实训是为了缩短理论与实践的距离,加深对会计理论的理解,培养会计操作能力,是验证熟悉掌握会计方法的一种教学方法,同样也是检验会计核算知识是否掌握的最佳方式。

首先,从社会经济发展的角度来看,社会对财经类人才的衡量标准和人才价值观念逐渐发生变化,比如,用人单位对人才的选择将不再仅凭一张文凭,而要看他是否具有实际操作和动手的能力。财经类人才不仅要有坚实的理论基础,更要有较强的创新能力和创业意识等综合素质,这无疑给高等院校尤其是财经类院校的人才培养提出了前所未有的挑战。因此,只有紧贴社会经济运行的需要,适时调整人才培养模式,加大实践教学环节,注重实践能力的培养,才能有效地发挥财经类院校的作用。

其次,从学校办学的情况看。无论何种学校,其办学的出发点和归宿点无非是希望自己培养的学生能够得到社会的认可,做到"产品畅销",而能否做到"畅销",不是看学校的规模大小,关键看学校是否有特色,是否有自己的"核心产品"。正如曾任哈佛大学校长20年之久的美国教育家科南特所说:"大学的荣誉,不在它的校舍和人数,而在于一代一代人的质量。"随着我国高等教育的普及、发展,扩大招生规模已成定局,"精英教育"也开始向"大众化教育"转变。"大众化教育"的特点是更多地为社会输送一般的"劳动者",一般的"劳动者"需要实践能力和适应能力强,能胜任绝大多数的工作岗位,因此,从某种意义上讲,"大众化教育"决定了学校的特色就应该是为毕业生赢得"上岗证",而能否让学生拿到"上岗证",实践教学环节起着举足轻重的作用。

再次,从教学自身的情况看。高等教育的教学过程主要由理论教学环节和实践教学环节两部分组成。实践教学环节一般包括毕业(设计)论文、军训、社会实践、实习、实验、实训等内容,而实习、实验、实训作为实践教学环节的重要组成部分,在人才实践能力的培养方面起着非常重要的作用。

实习,是指学生把学到的理论知识拿到实际工作中去应用和检验,以锻炼工作能力，一般要到企业单位去，进行现场操作或训练等。

实验，是指学生为了检验某种科学理论或假设而进行某种操作或从事某种活动。实验一般在实验室进行，往往是作为课堂教学的补充，课时不多。

实训，可以理解为把实习单位的现场搬到学校，在老师的指导下，通过全真的角色模拟、岗位轮换，让学生进行真实感受、亲身体验，从而达到动手能力的提高和职业技能的训练，缩短社会适应期。这样一种方式，明显克服了实习中受实习单位的外部限制，又突破了实验中大多进行验证性操作或活动的不足。

由此可见，实训教学较好地解决了目前学生实习、实验难以解决职业技能训练的问题，为学生奠定就业基础。

编 者

2017 年 11 月

目录 Contents

上篇　会计手工综合技能实训 ··· 1
  项目一　企业设立事项 ··· 2
    实训一　企业工商注册 ·· 2
    实训二　银行业务 ·· 3
    实训三　涉税事项 ·· 5
  项目二　小规模纳税人账务处理 ··· 7
    实训一　熟悉企业背景资料 ·· 7
    实训二　企业期初建账 ·· 10
    实训三　日常业务处理 ·· 14
    实训四　期末处理 ·· 16
  项目三　一般纳税人账务处理 ·· 17
    实训一　企业期初调整 ·· 17
    实训二　日常业务处理 ·· 17
    实训三　期末处理 ·· 20

下篇　会计电算化综合技能实训 ··· 21
  项目四　建立账套及信息设置 ·· 22
    实训一　建立账套 ·· 22
    实训二　基础信息设置 ·· 23
    实训三　各模块初始设置 ··· 26
  项目五　业务处理及报表编制 ·· 39
    实训一　业务处理 ·· 39
    实训二　财务报表编制 ·· 39

附录一　企业设立事项相关原始凭证 ··· 41
附录二　小规模纳税人账务处理相关原始凭证 ···································· 87
附录三　一般纳税人账务处理相关原始凭证 ······································ 169

上 篇

会计手工综合技能实训

项目一　企业设立事项

实训一　企业工商注册

一、实训目标
（1）掌握新设立公司工商注册的基本流程。
（2）能正确进行企业名称预先核准的相关工作。
（3）能正确进行企业章程制定的相关工作。
（4）能正确进行申请公司设立登记的相关工作。

二、背景资料
1. 办理企业名称预先核准的资料

指定代表或委托代理人或经办人：王晓宁（身份证号码：110108198005069732；电话：010-57290188，13651102286）

指定法定代表人或申请人：刘忠林（身份证号码：110105197010012256）

业务受理机关：北京市工商行政管理局朝阳分局

委托事项：办理公司名称预先核准、设立等事项（期限2017年9月1日至2017年12月31日）

经办人员的授权权限：核对登记材料中的复印件并签署核对意见；修改企业自备文件的错误；修改有关表格的填写错误；领取营业执照和有关文书。

申请企业名称：北京大华制衣有限公司（备选企业字号：北京华美制衣有限公司、北京海华制衣有限公司、北京大远制衣有限公司）

企业住所地：北京市朝阳区来广营北路888号，电话：010-57290188

注册资本：2 000万元

企业类型：有限责任公司

经营范围：主要从事服装的设计、生产和销售

投资人基本信息：北京明辉有限责任公司（法人代表：王栋辉；身份证号码：330420196806250352）

李永强（身份证号码：110105197001012236）

2. 制定公司章程资料

股东出资情况一览表（见表1-1）。

3. 申请设立登记的资料

公司名称：北京大华制衣有限公司

名称预先核准文号：北京内名称预核〔2017〕第10326号

表 1-1　股东出资情况一览表

股东名称	身份证号码	缴纳出资期限	认缴注册资本金额(万元)	出资方式
北京明辉有限责任公司		公司成立时	1 400	办公楼、厂房
李永强	110105197001012236	5年(根据公司采购设备的进度以及正常的流动资金需求情况)	600	货币资金

公司类型:有限责任公司,无任何分支机构、总机构和关联企业

公司住所/生产经营地址:北京市朝阳区来广营北路888号

电话:010-57290188

邮编:100102

法定代表人/总经理:刘忠林(身份证号码:110105197010012256;电话:13901392288)

经营范围:主要从事服装的设计、生产和销售

经营期限:30年

申请设立登记时间:2017年10月15日

申请营业执照副本数量:3个

股东基本信息,如表1-1所示。

企业适用会计制度:企业会计准则、采取独立核算方式

财务人员信息:财务负责人刘涛(身份证号码:110102197809282234;电话:15810892238);办税人员王晓宁(身份证号码:110108198005069732;电话:13651102286)

三、实训任务

(1) 2017年10月8日,办理企业名称预先核准工作(原始单据见附录一凭1-1-1、凭1-1-2、凭1-1-3、凭1-1-4)。

(2) 2017年10月8日至10日,制定公司章程,一式三份(原始单据见附录一凭1-1-5)。

(3) 2017年10月15日,办理企业设立登记(原始单据见附录一凭1-1-6、凭1-1-7)。

实训二　银行业务

一、实训目标

(1) 掌握新设立公司银行业务的基本流程。

(2) 能正确开立企业银行账户。

(3) 能正确购买银行相关票据。

(4) 能正确办理企业网银。

二、背景资料

1. 企业基本信息

公司名称:北京大华制衣有限公司(简称大华制衣)

公司地址：北京市朝阳区来广营北路888号

电话：010-57290188

邮编：100102

邮箱：dahuazhiyi@163.com

统一社会信用代码（纳税人识别号、企业法人营业执照代码、组织机构代码、税务登记证代码）：91110105485635821D

法定代表人：刘忠林（身份证号码：110105197010012256）

注册资本：2 000万元

经营范围：主要从事服装的设计、生产和销售

企业类别：有限责任公司，无任何分支机构、总机构和关联企业

2. 库存限额基本信息

公司出纳经与开户行中国工商银行北京望京支行协商，核定本企业的库存现金的保留天数为4天。企业日常现金支出的范围主要包括采购零星材料支出、零星劳务费支出和其他支出，其每月的平均现金支出总额（不包括定期的大额现金支出和不定期的大额现金支出）分别为60 000元、45 000元和30 000元。

3. 办理网银基本信息

业务经办人员：出纳李琳（身份证号码：110108198612200526）

客户证书基本信息：公司申请办理第二种工行金卡证书（具备授权权限），证书ID为bjdhzy64716528；开通自助管理本企业ID权限，关闭企业手机银行（WAP）授权业务；无相关授权层级，未设置多级组合授权业务。

4. 网银账户及证书操作权限信息

公司地址：北京市朝阳区来广营北路888号

邮编：100102

联系人：李琳（电话：13662202658）

账号：1102024500531245326

开户银行：中国工商银行北京望京支行

操作权限：可查询、可授权、可理财

企业客户证书领取人员：李琳、刘涛（身份证号码：110102197809282234）

三、实训任务

（1）2017年11月1日，向工商银行北京望京支行申请开立单位基本存款账户，填写"开立单位银行结算账户申请书"，并准备好开立单位基本存款账户的相关文件（原始单据见附录一凭1-2-1、凭1-2-2），公司银行账号为1102024500531245326。

（2）2017年11月1日，向交通银行北京望京支行申请开立单位一般存款账户，填写"开立单位银行结算账户申请书"，并准备好开立单位一般存款账户的相关文件（原始单据见附录一凭1-2-3、凭1-2-4），公司银行账号为110002049786383465852。

（3）2017年11月4日，向工商银行北京望京支行申请核定库存现金限额，填写"库存现金限额申请批准书"（原始单据见附录一凭1-2-5）。

（4）2017年11月4日，向开户银行工商银行北京望京支行购买空白现金支票1

本,工本费5元,手续费15元(原始单据见附录一凭1-2-6、凭1-2-7)。

(5) 2017年11月4日,向开户银行工商银行北京望京支行购买空白转账支票1本,工本费5元,手续费25元(原始单据见附录一凭1-2-8、凭1-2-9)。

(6) 2017年11月10日,向工商银行北京望京支行申请办理企业网银业务,填写"中国工商银行电子银行企业客户服务协议""企业客户证书及账号信息表"和"中国工商银行企业客户证书领取单"(原始单据见附录一凭1-2-10、凭1-2-11、凭1-2-12)。

实训三　涉税事项

一、实训目标

(1) 掌握公司设立时涉税事项的办理流程。
(2) 能正确办理税种认定的相关工作。
(3) 能正确办理增值税纳税人认定的相关工作。
(4) 能正确办理申领税务发票的相关工作。

二、背景资料

1. 申领增值税普通发票资料

发票用量:增值税普通发票每月最高领票数量25份,每次最高领票数量25份。

发票专用章(红色),如图1-1所示。

申请人员信息:王晓宁(身份证号码:110108198005069732;电话:13651102286)

图1-1　发票专用章

2. 办理增值税纳税人资格认定资料

纳税人名称:北京大华制衣有限公司

统一社会信用代码:91110105485635821D

税务登记日期:2017年11月1日

生产经营地址/注册地址:北京市朝阳区来广营北路888号

邮编:100102

企业电话:010-57290188

经营范围:主要从事服装的设计、生产和销售

法定代表人:刘忠林(身份证号码:110105197010012256;电话:13901392288)

财务负责人:刘涛(身份证号码:110102197809282234;电话:15810892238)

办税人员:王晓宁(身份证号码:110108198005069732;电话:13651102286)

纳税人基本情况:会计核算健全,一般纳税人资格生效日为次月1日

3. 申领增值税专用发票资料

发票用量:增值税专用发票每月最高领票数量25份,每次最高领票数量25份。

发票专用章及申请人员信息:同资料1。

申请增值税专用发票最高开票限额:100万元

三、实训任务

(1) 2017年11月1日,公司向北京市国家税务局朝阳分局申请办理税种认定工作

（原始单据见附录一凭1-3-1、凭1-3-2）。

（2）2017年11月5日，公司向北京市国家税务局朝阳分局申领增值税普通发票（原始单据见附录一凭1-3-3）。

（3）2017年11月18日，公司向北京市国家税务局朝阳分局申请办理增值税一般纳税人资格认定业务（原始单据见附录一凭1-3-4）。

（4）2017年11月25日，公司向北京市国家税务局朝阳分局申领增值税专用发票（原始单据见附录一凭1-3-5、凭1-3-6、凭1-3-7）。

项目二　小规模纳税人账务处理

实训一　熟悉企业背景资料

一、企业基本情况

公司名称:北京大华制衣有限公司(简称大华制衣)
公司地址:北京市朝阳区来广营北路 888 号
电话:010-57290188
邮编:100102
邮箱:dahuazhiyi@163.com
统一社会信用代码(纳税人识别号、企业法人营业执照代码、组织机构代码、税务登记证代码):91110105485635821D
法定代表人:刘忠林(身份证号码:110105197010012256)
注册资本:2 000 万元
经营范围:主要从事服装的设计、生产和销售
企业类别:有限责任公司,无任何分支机构、总机构和关联企业
基本存款户开户银行及账号:工商银行北京望京支行　1102024500531245326
一般存款户开户银行及账号:交通银行北京望京支行　1100020490524862 53265

二、财务岗位人员及分工(见表 2-1)

表 2-1　财务岗位人员及分工

姓名	隶属部门	职务	操作分工
刘忠林	行政办公室	总经理	合同签字;投资、捐赠类协议签字;审批金额超过 5 000 元的经费开支
蒋大为	人力资源部	部门经理	审批本部门的经费开支
刘涛	财务部	财务经理	审批所有的财务相关单据;财务分析
王晓宁	财务部	会计	填写转账凭证;登记明细账、总账;成本计算,填写成本计算单;编制纳税申报表
李琳	财务部	出纳	办理现金、银行存款业务;编制收付款记账凭证;出纳签字;登记现金、银行存款日记账
王达浩	采购部	部门经理	审批本部门的经费开支
胡大海	销售部	部门经理	审批本部门的经费开支
李志刚	生产部	部门经理	审批本部门的经费开支
李建华	仓储部	部门经理	审批本部门的经费开支

岗位分工主要通过在单据上的制单和审核签字来体现,学员应该选择恰当的岗位人员进行签字或者盖章。

其他各类单据上的签章根据各单据的格式要求来执行。

三、会计政策

1. 会计制度

企业会计制度采用《企业会计准则(2014版)》。

2. 会计核算方法

财务处理程序采用科目汇总表账务处理程序(见图2-1)。核算中涉及的金额计算保留至分位(两位小数)、数量保留至两位小数、费用分配率除不尽的保留六位小数(采用四舍五入法)。

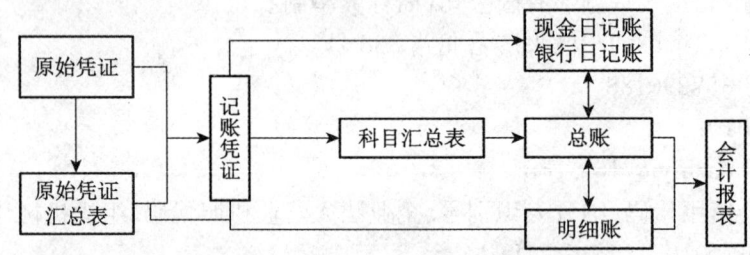

图2-1 科目汇总表账务处理程序

3. 存货处理

存货核算采用实际成本法。原材料、周转材料和库存商品均采用全月一次加权平均法计价。原材料采购入库当天办理入库的,直接记入"原材料"存货科目,非当日办理入库的,则通过"在途物资"结转。低值易耗品采用一次摊销法,在领用时全部计入费用。

4. 费用处理

出差报销标准:总经理每日补贴260元,部门经理每日补贴200元,一般员工每日补贴100元;总经理住宿费标准为500元/人/日,其余人员350元/人/日。差旅费报销单需出差人签字,部门经理、财务经理审批,报销金额超过5 000元,还需总经理签字。

部门日常经费开支审批级别:日常经费开支由经办人申请并填写支出凭单,5 000元以内开支由部门经理、财务经理审批签字,超过5 000元开支,还需总经理审批签字。

5. 采购与销售处理

销售与采购业务如果当天结算货款,均使用现结,不通过应收应付科目过渡。非当日结款,均需通过应收应付科目。

6. 固定资产、无形资产处理

固定资产折旧、无形资产摊销采用年限平均法,固定资产折旧方法、折旧年限和无形资产摊销方法、摊销年限与税法规定一致。固定资产预计净残值率为4%,无形资产中的土地使用权摊销年限为30年,其余为10年,无残值。固定资产折旧年限及折旧率如表2-2所示。

表 2-2　固定资产折旧年限及折旧率

固定资产类别	折旧年限(年)	年折旧率
房屋建筑物	20	4.8%
生产设备	10	9.6%
办公设备	5	19.2%
运输设备	4	24.0%

7. 税费处理

公司 11 月暂按小规模纳税人处理,按当期应交增值税的 7% 计算城市维护建设税、3% 计算教育费附加和 2% 计算地方教育费附加;企业所得税采用资产负债表债务法,税率为 25%,按季预提,按季预缴,全年汇算清缴。不考虑除上述税费以外的其他税费。缴纳税款和各类社会保险按银行开具的原始凭证编制记账凭证。

8. 薪酬业务处理

各类社会保险的计提比例如表 2-3 所示。

表 2-3　社会保险等计提比例

项目	养老保险	医疗保险	失业保险	工伤保险	生育保险	住房公积金	工会经费	职工教育经费
企业负担	19%	10%	0.8%	1%	0.8%	12%	2%	1.5%
个人负担	8%	2%+3(元)	0.2%	—	—	12%	—	—

职工福利费按实际发生数列支,不按比例计提;社保基数=基本工资+岗位津贴+奖金+餐补+交通补助,各类社会保险金当月计提。按照国家有关规定,公司代扣代缴个人所得税,其费用扣除标准为 3 500 元。

由个人承担的社会保险费、住房公积金在缴纳时通过"其他应收款"账户进行核算。个人所得税由公司代扣代缴,通过"应交税费"账户进行核算。

9. 坏账损失处理

除应收账款外,其他的应收款项不计提坏账准备。按应收账款余额百分比法计提坏账准备,提取比例为 0.5%。

10. 财产清查处理

公司每季度末对存货及固定资产进行清查,根据盘点结果编制"盘点表",并与账面数据进行比较。

11. 成本处理

公司采用品种法计算产品成本,成本项目为直接材料、直接人工和制造费用。

本月共同耗用的直接材料费以投产产品材料定额消耗量为标准在各种产品之间进行分配,本月发生的直接人工费和制造费用按当月实际生产工时在各种产品之间进行分配。

生产费用在月末时在在产品和完工产品之间的分配采用约当产量法;原材料在投产时一次投入;月末在产品的完工程度均为 50%。

12. 利润分配

根据公司章程,公司税后利润按以下顺序及规定分配:①弥补亏损;②按10%提取法定盈余公积;③按5%提取任意盈余公积;④按30%向投资者分配利润。

13. 损益类账户结转

每月月末将各损益类账户余额转入"本年利润"账户,损益结转采用账结法,结转时按收入和支出分别填制记账凭证。

实训二 企业期初建账

一、实训目标

(1) 能正确建立总分类账。
(2) 能正确建立现金日记账和银行存款日记账。
(3) 能正确建立各类明细账。

二、实训任务

(1) 建立总分类账。
(2) 建立现金日记账和银行存款日记账。
(3) 建立三栏式明细账、数量金额式明细账、多栏式明细账。
(4) 建立各种备查簿。

三、会计科目表及建账类型(见表2-4)

表2-4 会计科目表及建账类型

科目编码	科目名称	计量单位	方向	应设置账簿
1001	库存现金		借	总分类账、现金日记账
1002	银行存款		借	总分类账
100201	工行望京支行		借	银行存款日记账
100202	交行望京支行		借	银行存款日记账
1012	其他货币资金		借	总分类账
101201	银行汇票存款		借	三栏式明细账
1121	应收票据		借	总分类账
112101	浙江科远		借	三栏式明细账
1122	应收账款		借	总分类账
112201	北京星海		借	三栏式明细账
112202	河北泰达		借	三栏式明细账
112203	浙江瑞菲		借	三栏式明细账
1123	预付账款		借	总分类账
112301	山西华兴		借	三栏式明细账
1221	其他应收款		借	总分类账
122101	社会保险费		借	三栏式明细账

(续表)

科目编码	科目名称	计量单位	方向	应设置账簿
122102	住房公积金		借	三栏式明细账
122103	林红霞		借	三栏式明细账
1231	坏账准备		贷	总分类账
1402	在途物资		借	总分类账
140201	蓝水洗布	米	借	数量金额式明细账
140202	红水洗布	米	借	数量金额式明细账
1403	原材料		借	总分类账
140301	蓝水洗布	米	借	数量金额式明细账
140302	红水洗布	米	借	数量金额式明细账
140303	纽扣	个	借	数量金额式明细账
140304	缝纫线	千克	借	数量金额式明细账
140305	辅料	捆	借	数量金额式明细账
1405	库存商品		借	总分类账
140501	男式衬衫	件	借	数量金额式明细账
140502	女式衬衫	件	借	数量金额式明细账
1411	周转材料		借	总分类账
141101	包装物	个	借	数量金额式明细账
1601	固定资产		借	总分类账
160101	房屋及建筑物		借	三栏式明细账
160102	生产设备		借	三栏式明细账
160103	办公设备		借	三栏式明细账
160104	运输设备		借	三栏式明细账
1602	累计折旧		贷	总分类账
1604	在建工程		借	总分类账
160401	二号车间		借	三栏式明细账
1605	工程物资		借	总分类账
1606	固定资产清理		借	总分类账
1701	无形资产		借	总分类账
170101	商标权		借	三栏式明细账
1702	累计摊销		贷	总分类账
1901	待处理财产损溢		借	总分类账
190101	待处理流动资产损溢		借	三栏式明细账
2001	短期借款		贷	总分类账
200101	工行望京支行		贷	三栏式明细账
2201	应付票据		贷	总分类账

(续表)

科目编码	科目名称	计量单位	方向	应设置账簿
220101	山东开元		贷	三栏式明细账
2202	应付账款		贷	总分类账
220201	北京达通		贷	三栏式明细账
220202	山西华兴		贷	三栏式明细账
2203	预收账款		贷	总分类账
220301	天津北盛		贷	三栏式明细账
2211	应付职工薪酬		贷	总分类账
221101	工资		贷	三栏式明细账
221102	福利费		贷	三栏式明细账
221103	社会保险费		贷	三栏式明细账
221104	住房公积金		贷	三栏式明细账
221105	工会经费		贷	三栏式明细账
221106	职工教育经费		贷	三栏式明细账
2221	应交税费		贷	总分类账
222101	应交增值税		贷	三栏式明细账
222104	应交所得税		贷	三栏式明细账
222105	应交城建税		贷	三栏式明细账
222106	应交教育费附加		贷	三栏式明细账
222107	应交地方教育费附加		贷	三栏式明细账
222108	应交个人所得税		贷	三栏式明细账
2231	应付利息		贷	总分类账
2232	应付股利		贷	总分类账
2241	其他应付款		贷	总分类账
224101	李琳		贷	三栏式明细账
2501	长期借款		贷	总分类账
4001	实收资本		贷	总分类账
400101	明辉公司		贷	三栏式明细账
400102	李永强		贷	三栏式明细账
4002	资本公积		贷	总分类账
4101	盈余公积		贷	总分类账
410101	法定盈余公积		贷	三栏式明细账
410102	任意盈余公积		贷	三栏式明细账
4103	本年利润		贷	总分类账
4104	利润分配		贷	总分类账
410401	未分配利润		贷	三栏式明细账

(续表)

科目编码	科目名称	计量单位	方向	应设置账簿
410402	提取法定盈余公积		贷	三栏式明细账
410403	提取任意盈余公积		贷	三栏式明细账
5001	生产成本		借	总分类账
500101	男式衬衫		借	多栏式明细账
50010101	直接材料		借	多栏式明细账
50010102	直接人工		借	多栏式明细账
50010103	制造费用		借	多栏式明细账
500102	女式衬衫		借	多栏式明细账
50010201	直接材料		借	多栏式明细账
50010202	直接人工		借	多栏式明细账
50010203	制造费用		借	多栏式明细账
5101	制造费用		借	总分类账
510101	职工薪酬		借	多栏式明细账
510102	办公费		借	多栏式明细账
510103	折旧费		借	多栏式明细账
510104	水电费		借	多栏式明细账
510105	机物料消耗		借	多栏式明细账
510106	其他		借	多栏式明细账
6001	主营业务收入		贷	总分类账
600101	男式衬衫		贷	三栏式明细账
600102	女式衬衫		贷	三栏式明细账
6051	其他业务收入		贷	总分类账
6301	营业外收入		贷	总分类账
630101	处理流动资产净收益		贷	三栏式明细账
6401	主营业务成本		借	总分类账
640101	男式衬衫		借	三栏式明细账
640102	女式衬衫		借	三栏式明细账
6402	其他业务成本		借	总分类账
6403	税金及附加		借	总分类账
6601	销售费用		借	总分类账
660101	职工薪酬		借	多栏式明细账
660102	广告费		借	多栏式明细账
660103	差旅费		借	多栏式明细账
660104	其他		借	多栏式明细账
6602	管理费用		借	总分类账

(续表)

科目编码	科目名称	计量单位	方向	应设置账簿
660201	职工薪酬		借	多栏式明细账
660202	福利费		借	多栏式明细账
660203	办公费		借	多栏式明细账
660204	差旅费		借	多栏式明细账
660205	折旧费		借	多栏式明细账
660206	业务招待费		借	多栏式明细账
660207	水电费		借	多栏式明细账
660208	保险费		借	多栏式明细账
660209	交通费		借	多栏式明细账
660210	通讯费		借	多栏式明细账
660211	其他		借	多栏式明细账
6603	财务费用		借	总分类账
660301	利息收入		借	多栏式明细账
660302	利息支出		借	多栏式明细账
660303	手续费		借	多栏式明细账
660304	其他		借	多栏式明细账
6701	资产减值损失		借	总分类账
6711	营业外支出		借	总分类账
6801	所得税费用		借	总分类账

实训三 日常业务处理

一、实训目标

（1）能对小规模纳税人的增值税业务进行正确的账务处理。
（2）能根据审核无误的原始凭证填制记账凭证。
（3）能正确登记日记账及各种明细账。
（4）能进行简单的成本计算。
（5）能正确编制科目汇总表。
（6）能根据科目汇总表登记总账。
（7）能正确地进行对账与结账。

二、实训任务

（1）完成相关原始凭证的填制。
（2）根据原始凭证填制记账凭证。
（3）登记日记账及各种明细账。
（4）编制科目汇总表。
（5）登记总账。

(6) 对账与结账。

三、实训原始资料

(一) 2017年11月的经济业务

(1) 1日,出纳李琳垫付刻章费。

(2) 1日,出纳李琳垫付银行开户相关费用。

(3) 1日,收到投资者李永强的投资款和明辉公司投入的固定资产。

(4) 4日,购买支票。

(5) 4日,提现18 000元。支票号码22145621,密码:1234-5678-9876-5432。

(6) 4日,归还李琳垫付银行开户相关费用。

(7) 5日,购买缝纫机。

(8) 5日,购买办公桌椅。支票号码18290567,密码:1234-5678-9876-5432。

(9) 5日,购买文具。

(10) 5日,购买电脑。

(11) 5日,购买打印机。

(12) 5日,购买轿车。

(13) 5日,为公司管理用车购买95号汽油。

(14) 6日,从上海恒利服装辅料有限公司购入缝纫线、辅料和包装盒,已验收入库,开出转账支票支付货款。

(15) 6日,从浙江达升纽扣厂购入纽扣,已验收入库,开出转账支票支付货款。

(16) 6日,从北京达通纺织有限公司购入材料一批,材料已验收入库,开出转账支票支付货款。

(17) 7日,向国家知识产权局北京市商标局签发支票支付申请费。

(18) 8日,报销本月业务招待费。

(19) 19日,向北京星海服饰有限公司销售产品一批,收到66 000元,余款暂欠。

(20) 26日,从北京达通纺织有限公司采购材料一批,货款暂欠,材料未到。

(21) 27日,向河北泰达有限公司销售产品一批,货款未收。

(22) 30日,计算并结转本月发出原材料和周转材料成本。

(23) 30日,摊销本月无形资产。

(24) 30日,计提本月工资。

(25) 30日,计提本月职工五险一金、工会经费和职工教育经费。

(26) 30日,分配本月制造费用(按生产工时分配,其中男式衬衫1 520工时,女式衬衫1 680工时)。

(27) 30日,计算完工产品成本。

(28) 30日,结转本月销售成本。

(29) 30日,计提本月应交附加税。

(30) 30日,将损益类(收入)各账户余额结转至"本年利润"账户。

(31) 30日,将损益类(费用)各账户余额结转至"本年利润"账户。

(二) 2017 年 11 月的原始凭证

原始凭证见附录二凭 2-1-1 至凭 2-31-1。

北京大华制衣有限公司 2017 年 11 月发生经济业务 31 笔,关于原始凭证的说明:每张原始凭证的左上角均标有"凭 2-*-*",第一位"2"表示这是项目二的业务,第二位"*"表示经济业务笔数的顺序编号,第三位"*"表示该张原始凭证在该笔经济业务原始凭证中的顺序号。例如,原始凭证的左上角标有"凭 2-1-1",而在其后没有"凭 2-1-2",则表示该张凭证属于项目二中第 1 笔经济业务且原始凭证仅有 1 张;又如,"凭 2-4-1""凭 2-4-2"则表示项目二中第 4 笔经济业务有 2 张原始凭证。

实训四 期末处理

一、实训目标

(1) 能正确编制资产负债表和利润表。

(2) 能正确进行小规模纳税人纳税申报。

二、实训任务

(1) 编制 11 月的资产负债表和利润表(见附录二凭 2-32-1、凭 2-33-1)。

(2) 进行 11 月份纳税申报。根据日常业务数据,填写"增值税纳税申报表""城建税、教育费附加、地方教育附加税(费)申报表""扣缴个人所得税报告表"(见附录二凭 2-34-1 至凭 2-36-1)。

项目三　一般纳税人账务处理

北京大华制衣有限公司 2017 年 12 月 1 日被认定为增值税一般纳税人,增值税税率为 17%,按月缴纳。

实训一　企业期初调整

一、实训目标
(1) 能正确区别小规模纳税人和一般纳税人。
(2) 能正确处理小规模纳税人变更为一般纳税人的账项调整。

二、实训任务
调整应交税费有关明细账。在"应交税费"科目下设置"应交增值税""未交增值税""待抵扣进项税额",并在"应交增值税"明细科目下设置有关专栏(如"进项税额""销项税额""转出未交增值税"等)进行明细核算。

三、会计科目表及账簿类型(见表 3-1)

表 3-1　会计科目表(简表)

科目编码	科目名称	方向	应设置账簿
2221	应交税费	贷	总分类账
222101	应交增值税	贷	应交增值税明细账
22210101	进项税额	贷	应交增值税明细账
22210102	销项税额	贷	应交增值税明细账
22210103	转出未交增值税	贷	应交增值税明细账
222102	未交增值税	贷	三栏式明细账
222103	待抵扣进项税额	贷	三栏式明细账

实训二　日常业务处理

一、实训目标
(1) 能正确对一般纳税人增值税业务进行账务处理。
(2) 能根据审核无误的原始凭证填制记账凭证。
(3) 能正确登记日记账及各种明细账。
(4) 能正确进行成本计算。
(5) 能正确编制科目汇总表。
(6) 能根据科目汇总表登记总账。

(7) 能正确地进行对账与结账。

二、实训任务

(1) 完成相关原始凭证的填制。
(2) 根据原始凭证填制记账凭证。
(3) 登记日记账及各种明细账。
(4) 编制科目汇总表。
(5) 登记总账。
(6) 对账与结账。

三、实训原始资料

(一) 2017年12月的经济业务

(1) 1日,在交通银行北京望京支行开立一般存款账户。
(2) 1日,从工商银行取得一笔期限为1年,年利率为4.35%的借款200 000元,已划入企业的基本存款账户中。
(3) 2日,本公司采购员林红霞经领导批准,计划到武汉出差,预支差旅费2 000元。
(4) 3日,为公司管理用车购买95号汽油。
(5) 3日,上月所购货物到达并验收入库,开出转账支票支付货款。
(6) 3日,支付北京世纪广告有限公司广告费。
(7) 4日,从工商银行基本户转账至交通银行一般户20万元。
(8) 4日,向交通银行申请办理银行汇票,用于向山西华兴有限公司购货。
(9) 4日,从北京星海有限公司收到转账支票一张,偿付前欠货款,当日存入公司银行账户。
(10) 4日,从上海恒利服装辅料有限公司购入缝纫线、辅料和包装盒,已验收入库,开出转账支票支付货款。
(11) 4日,从浙江达升纽扣厂购入纽扣,已验收入库,开出转账支票支付货款。
(12) 5日,从北京达通纺织有限公司购入材料一批,材料已验收入库,开出转账支票支付货款。
(13) 5日,从山西华兴有限公司购入材料一批,已验收入库,同时收到对方运输发票一张,并退回银行汇票多余款。
(14) 6日,收到河北泰达支付的货款。
(15) 6日,向天津北盛销售产品,货已发出,发票已开,货款已收到并存入银行。
(16) 6日,通过银行转账缴纳职工社会保险费和住房公积金。
(17) 6日,缴纳上月税款包括增值税、附加税、个人所得税和印花税。
(18) 7日,采购部林红霞报销差旅费2 395元,现金补付395元。
(19) 8日,报销本月业务招待费。
(20) 8日,从北京晨光文具有限责任公司购买打印纸。
(21) 9日,开出转账支票一张,支付工资。
(22) 11日,向浙江瑞菲服饰有限公司赊销产品,货已发出,代垫运费1 000元,已办理托收承付。

(23) 12日,从杭州诠图科技有限公司购买不需安装的诠图数控多功能全自动缝纫机 QT-1 一台。

(24) 14日,向河北泰达有限公司销售产品一批,收到对方开具的银行汇票一张,已送存银行。

(25) 14日,从山东开元纺织有限公司购入材料一批,材料已验收入库,开出3个月的商业承兑汇票。

(26) 14日,支付汽车过路费。

(27) 15日,向北京星海服装有限公司销售产品一批,货款尚未收到。

(28) 15日,向浙江科远有限公司销售产品一批,收到该公司交来的为期3个月的商业承兑汇票。

(29) 15日,开出转账支票支付财产保险费。

(30) 16日,收到浙江瑞菲服饰有限公司托收承付款项。

(31) 16日,支付北京电信公司电话费。

(32) 17日,电汇山西华兴有限公司预付购货款。

(33) 18日,向上海申嘉商贸有限公司销售产品一批,货已发出,收到银行电汇单据一张。

(34) 19日,经领导批准,行政办公室王梦甜购买食品发放福利。

(35) 20日,经招标,二号生产车间由北京第三建筑公司建造,开出转账支票预付建筑工程款。

(36) 20日,收到银行信汇收款单据一张,系天津北盛有限公司预付货款。

(37) 21日,接到银行通知收到本季度银行存款利息收入。

(38) 21日,对库存现金进行盘点,发现长款50元。

(39) 21日,从山西华兴有限公司购材料一批,余款暂欠,材料已验收入库。

(40) 22日,将现金存入银行。

(41) 23日,向北京星海有限公司销售产品一批,货款未收。

(42) 24日,上述现金长款,经查实原因不明,经批准转作营业外收入。

(43) 31日,李永强注入投资款50万元,上述款项由工商银行望京支行收妥入账。

(44) 31日,支付并分配本月水费。

(45) 31日,支付并分配本月电费。

(46) 31日,计算并结转本月发出原材料和周转材料成本。

(47) 31日,摊销本月无形资产。

(48) 31日,计提本月固定资产折旧。

(49) 31日,计提本月工资。

(50) 31日,计提本月职工五险一金、工会经费和职工教育经费。

(51) 31日,分配本月制造费用(按生产工时分配,其中男式衬衫1 880工时,女式衬衫2 120工时)。

(52) 31日,计算完工产品成本。

(53) 31日,结转本月销售成本。

(54) 31日,计提本月坏账准备。

(55) 31日,计提本月借款利息。

(56) 31日,结转本月未交增值税。

(57) 31日,计提本月应交附加税。

(58) 31日,将损益类(收入)各账户余额结转到"本年利润"账户中。

(59) 31日,将损益类(费用)各账户余额结转到"本年利润"账户中。

(60) 31日,预提并结转本季所得税费用(假定无调整项目和暂时性差异)。

(61) 31日,将"本年利润"期末余额结转至"利润分配——未分配利润"账户。

(62) 31日,计提法定盈余公积和任意盈余公积。

(63) 31日,结转利润分配明细账户余额。

(二) 2017年12月的原始凭证

原始凭证见附录三凭3-1-1至凭3-63-1。

北京大华制衣有限公司2017年12月发生经济业务63笔,关于原始凭证的说明:每张原始凭证的左上角均标有"凭3-*-*",第一位"3"表示这是项目三的业务,第二位"*"表示经济业务笔数的顺序编号,第三位"*"表示该张原始凭证在该笔经济业务原始凭证中的顺序号。例如,原始凭证的左上角标有"凭3-1-1",而在其后没有"凭3-1-2",则表示该张凭证属于项目三中第1笔经济业务且原始凭证仅有1张;又如,"凭3-2-1""凭3-2-2"则表示项目三中第2笔经济业务有2张原始凭证。

实训三 期末处理

一、实训目标

(1) 能正确编制资产负债表和利润表。

(2) 能正确进行一般纳税人纳税申报。

(3) 能正确掌握增值税发票抵扣联的月末处理。

二、实训任务

(1) 编制12月份资产负债表和利润表(见附录三凭3-64-1、凭3-65-1)。

(2) 进行12月份纳税申报。根据日常业务数据,填写"增值税纳税申报表""城建税、教育费附加、地方教育附加税(费)申报表""扣缴个人所得税报告表""中华人民共和国企业所得税月(季)度预缴和年度纳税申报表"(见附录三凭3-66-1至凭3-69-1)。

(3) 进行增值税抵扣联的月末处理(见附录三凭3-70-1、凭3-71-1)。

下篇

会计电算化综合技能实训

项目四 建立账套及信息设置

实训一 建立账套

一、实训目标

(1) 熟悉用友 U8V10.1 软件的系统管理模块,掌握用户管理的内容和操作方法。

(2) 熟练掌握账套管理的相关内容和操作方法。

(3) 理解系统管理在整个软件系统中的作用及重要性,理解权限分配的意义。

二、实训内容

(一) 用户及其权限(见表 4-1)

表 4-1 用户及其权限

编号	姓名	口令	所属部门	角色	权限
001	刘涛	001	财务部	账套主管	账套主管的全部权限
002	王晓宁	002	财务部	总账会计	"公用目录设置""总账""薪资管理""固定资产"子系统的全部操作权限
003	李琳	003	财务部	出纳	总账系统中"出纳签字"及"出纳"的所有权限

(二) 账套资料

1. 账套信息

账套号:班级号+学号

账套路径:默认

账套名称:北京大华制衣有限公司账套

启用会计期:2017 年 12 月

2. 单位信息

单位名称:北京大华制衣有限公司

单位简称:大华制衣

单位地址:北京市朝阳区来广营北路 888 号

法人代表:刘忠林

邮政编码:100102

联系电话及传真:010-57290188

电子邮件:dahuazhiyi@163.com

税号:91110105485635821D

3. 核算类型

记账本位币：人民币（RMB）

账套主管：刘涛

企业类型：工业

要求：按行业性质预置会计科目

行业性质：2007年新会计制度科目

4. 基础信息

该企业没有外币核算，进行业务处理时不需要对存货、客户和供应商进行分类。

5. 分类编码方案

科目编码级次：4-2-2-2

其他编码级次设置采用默认值。

6. 数据精度

采用系统默认值。

7. 系统启用

"总账""薪资管理"和"固定资产"子系统启用日期均为"2017年12月1日"。

实训二 基础信息设置

一、实训目标

(1) 掌握用友U8V10.1软件中有关基础信息设置的相关内容。

(2) 理解基础设置在整个系统中的作用。

(3) 理解基础设置的数据对日常业务处理的影响。

二、实训内容

(一) 部门档案（见表4-2）

表4-2 部门档案

部门编码	部门名称	部门编码	部门名称
1	行政办公室	5	销售部
2	人力资源部	6	生产部
3	财务部	7	仓储部
4	采购部		

(二) 人员类别（见表4-3）

表4-3 人员类别

人员类别编码	人员类别名称	人员类别编码	人员类别名称
1011	企业管理人员	1013	车间管理人员
1012	经营人员	1014	生产人员

（三）人员档案（见表4-4）

表4-4　人员档案

人员编码	人员姓名	性别	人员类别	行政部门	是否为业务员
101	刘忠林	男	企业管理人员	行政办公室	是
102	王梦甜	女	企业管理人员	行政办公室	是
201	蒋大为	男	企业管理人员	人力资源部	是
301	刘涛	男	企业管理人员	财务部	是
302	王晓宁	男	企业管理人员	财务部	是
303	李琳	女	企业管理人员	财务部	是
401	王达浩	男	企业管理人员	采购部	是
402	林红霞	女	企业管理人员	采购部	是
501	胡大海	男	经营人员	销售部	是
502	毕晶晶	女	经营人员	销售部	是
601	李志刚	男	车间管理人员	生产部	是
602	何强	男	生产人员	生产部	是
603	孟欣	女	生产人员	生产部	是
604	万晓菲	女	生产人员	生产部	是
605	吴丹	女	生产人员	生产部	是
606	张建军	男	生产人员	生产部	是
607	刘晓红	女	生产人员	生产部	是
608	吴海军	男	生产人员	生产部	是
609	李秋霞	女	生产人员	生产部	是
610	孙卫国	男	生产人员	生产部	是
701	李建华	男	企业管理人员	仓储部	是
702	丁立	男	企业管理人员	仓储部	是

（四）客户档案（见表4-5）

表4-5　客户档案

客户编码	客户名称	客户简称	税号	地址	开户银行	账号
01	北京星海服饰有限公司	北京星海	91110101657810226E	北京市海淀区颐和园西门路65号	交通银行北京海淀支行	110002049053694223647
02	河北泰达服饰有限公司	河北泰达	320458974664521789	保定市盛兴西路302号	建设银行保定盛兴支行	320154631278965
03	天津北盛有限公司	天津北盛	420965322682546782	天津市南开路321号	建设银行天津南开支行	420118976536422

(续表)

客户编码	客户名称	客户简称	税 号	地址	开户银行	账 号
04	浙江瑞菲服饰有限公司	浙江瑞菲	330101832435680846	杭州市庆春路302号	工商银行杭州庆春路支行	122622578895234
05	浙江科远服饰有限公司	浙江科远	330101423156469853	杭州市中山路108号	建设银行杭州吴山支行	120678539034798
06	上海申嘉商贸有限公司	上海申嘉	913101045782635263	上海市中山路99号	建设银行上海中山路支行	3104205367038945625

(五) 供应商档案(见表4-6)

表4-6 供应商档案

供应商编码	供应商名称	供应商简称	税 号	地址	开户银行	账号
01	上海恒利服装辅料有限公司	上海恒利	911101005695256357	上海市黄埔东路120号	工商银行上海黄埔支行	213455151009052783
02	浙江达升纽扣厂	浙江达升	330103125057824215	浙江省杭州市下城区凤起路100号	工商银行杭州之江支行	1224206225788952346
03	北京达通纺织有限公司	北京达通	91110889653347656F	北京市通州区云景东路125号	工商银行北京云景东路支行	1102035679645852325
04	山西华兴有限责任公司	山西华兴	91140107779551913J	山西省太原市杏花岭区五一路69号	交通银行太原杏花岭支行	141620600668793787966
05	山西鹏顺物流有限公司	山西鹏顺	911401075664238007	山西省太原市杏花岭区五一路15号	交通银行太原杏花岭支行	141620600795322197702
06	山东开元纺织有限公司	山东开元	91370113249557148F	山东省济南市长清区灵岩路2211号	建设银行济南长清支行	37001707304522111708

(六) 结算方式(见表4-7)

表4-7 结算方式

结算方式编码	结算方式名称	结算方式编码	结算方式名称
1	现金	302	银行承兑汇票
2	支票	4	电汇

(续表)

结算方式编码	结算方式名称	结算方式编码	结算方式名称
201	现金支票	5	托收承付
202	转账支票	6	委托收款
3	汇票	7	其他
301	商业承兑汇票		

(七) 设置本单位开户银行档案

编码:001;开户银行:工商银行北京望京支行;账号:1102024500531245326

编码:002;开户银行:交通银行北京望京支行;账号:11000020490524 86253265

实训三 各模块初始设置

一、实训目标

(1) 掌握用友U8V10.1软件中总账系统、固定资产管理系统和薪资管理系统初始设置的相关内容。

(2) 理解总账系统初始设置的意义。

(3) 掌握总账系统、固定资产管理系统和薪资管理系统初始设置的操作方法。

二、实训内容

(一) 总账系统初始设置

1. 账套总账系统的参数(见表4-8)

表4-8 账套总账系统的参数

选项卡	参数设置
凭证	制单序时控制 可以使用系统的受控科目 凭证编号由系统编号
账簿	账簿打印位数每页打印行数按软件默认的标准设定 采用系统默认值
权限	出纳凭证必须经出纳签字 不允许修改、作废他人填制的凭证
会计日历	数量小数位和单价小数位设为2位
其他	部门、个人、项目按编码方式排序

2. 会计科目

(1) 指定"1001 库存现金"为现金总账科目、"1002 银行存款"为银行总账科目。

(2) 根据会计科目及余额表(见表4-9)增加或修改会计科目。

表 4-9 会计科目及余额表

2017 年 12 月 01 日　　　　　　　　　　　　　　　　　金额单位:元

科目编码	科目名称	辅助核算	计量单位	数量	方向	余额
1001	库存现金	日记账			借	14 862.00
1002	银行存款	日记账、银行账			借	572 682.00
100201	工行望京支行	日记账、银行账			借	572 682.00
100202	交行望京支行	日记账、银行账			借	
1012	其他货币资金				借	
101201	银行汇票存款				借	
1121	应收票据				借	
1122	应收账款				借	268 000.00
1123	预付账款				借	
1221	其他应收款				借	
122101	社会保险费				借	
122102	住房公积金				借	
122103	林红霞				借	
1402	在途物资				借	79 092.00
140201	蓝水洗布	数量核算	米	1 200	借	36 504.00
140202	红水洗布	数量核算	米	1 400	借	42 588.00
1403	原材料				借	29 981.25
140301	蓝水洗布	数量核算	米	300	借	9 126.00
140302	红水洗布	数量核算	米	400	借	12 168.00
140303	纽扣	数量核算	个	8 000	借	4 680.00
140304	缝纫线	数量核算	千克	50	借	3 744.00
140305	辅料		捆	5	借	263.25
1405	库存商品				借	38 435.43
140501	男式衬衫	数量核算	件	200	借	19 780.22
140502	女式衬衫	数量核算	件	200	借	18 655.21
1411	周转材料				借	655.20
141101	包装物	数量核算	个	200	借	655.20
1601	固定资产				借	14 716 200.00
160101	房屋及建筑物				借	14 000 000.00
160102	生产设备				借	475 000.00
160103	办公设备				借	38 000.00
160104	运输设备				借	20 3200.00
1604	在建工程				借	
160401	二号车间				借	

(续表)

科目编码	科目名称	辅助核算	计量单位	数量	方向	余额
1701	无形资产				借	48 000.00
170101	商标权				借	48 000.00
1702	累计摊销				贷	400.00
1901	待处理财产损溢				借	
190101	待处理流动资产损溢				借	
190102	待处理固定资产损溢				借	
2001	短期借款				贷	
200101	工行望京支行				贷	
2201	应付票据				贷	
2202	应付账款				贷	79 092.00
2203	预收账款				贷	
2211	应付职工薪酬				贷	227 269.50
221101	工资				贷	154 500.00
221102	福利费				贷	
221103	社会保险费				贷	48 822.00
221104	住房公积金				贷	18 540.00
221105	工会经费				贷	3 090.00
221106	职工教育经费				贷	2 317.50
2221	应交税费				贷	10 895.53
222101	应交增值税				贷	
22210101	进项税额				贷	
22210102	销项税额				贷	
22210103	转出未交增值税				贷	
222102	未交增值税				贷	9 728.16
222103	待抵扣进项税额				贷	
222104	应交所得税				贷	
222105	应交城建税				贷	680.97
222106	应交教育费附加				贷	291.84
222107	应交地方教育费附加				贷	194.56
222108	应交个人所得税				贷	
4001	实收资本				贷	15 500 000.00
400101	明辉公司				贷	14 000 000.00
400102	李永强				贷	1 500 000.00
4101	盈余公积				贷	
410101	法定盈余公积				贷	

(续表)

科目编码	科目名称	辅助核算	计量单位	数量	方向	余额
410102	任意盈余公积				贷	
4103	本年利润				贷	10 027.57
4104	利润分配				贷	
410401	未分配利润				贷	
410402	提取法定盈余公积				贷	
410403	提取任意盈余公积				贷	
5001	生产成本				借	59 776.72
500101	直接材料	项目核算			借	42 681.81
500102	直接人工	项目核算			借	11 284.63
500103	制造费用	项目核算			借	5 810.28
5101	制造费用				借	
510101	职工薪酬				借	
510102	办公费				借	
510103	折旧费				借	
510104	水电费				借	
510105	机物料消耗				借	
510106	其他				借	
6001	主营业务收入				贷	
600101	男式衬衫				贷	
600102	女式衬衫				贷	
6301	营业外收入				贷	
630101	处理流动资产净收益				贷	
6401	主营业务成本				借	
640101	男式衬衫				借	
640102	女式衬衫				借	
6601	销售费用				借	
660101	职工薪酬				借	
660102	广告费				借	
660103	差旅费				借	
660104	其他				借	
6602	管理费用				借	
660201	职工薪酬				借	
660202	福利费				借	

(续表)

科目编码	科目名称	辅助核算	计量单位	数量	方向	余额
660203	办公费				借	
660204	差旅费				借	
660205	折旧费				借	
660206	业务招待费				借	
660207	水电费				借	
660208	保险费				借	
660209	交通费				借	
660210	通讯费				借	
660211	其他				借	
6603	财务费用				借	
660301	利息收入				借	
660302	利息支出				借	
660303	手续费				借	
660304	其他				借	

修改会计科目:"1121 应收票据""1122 应收账款""2203 预收账款"科目辅助核算为"客户往来"(无受控系统);"2201 应付票据""2202 应付账款""1123 预付账款"科目辅助核算为"供应商往来"(无受控系统)。

3. 凭证类别

北京大华制衣有限公司采用通用记账凭证。

4. 项目目录(见表 4-10)

表 4-10 项目目录

项目设置步骤	设置内容
项目大类	产品
核算科目	直接材料(500101) 直接人工(500102) 制造费用(500103)
项目分类	1 衬衫 2 其他
项目名称	101 男式衬衫 102 女式衬衫

5. 期初余额

总账期初余额(见表 4-9)。

辅助账期初余额(见表 4-11、表 4-12、表 4-13)。

表 4-11 应收账款期初余额表

会计科目:1122 应收账款　　　　　　　　　　　　　　　　　　　余额:借 268 000 元

日期	客户	方向	金额	发票号
2017.11.19	北京星海	借	80 000	16890352
2017.11.27	河北泰达	借	188 000	16890353

表 4-12 应付账款期初余额表

会计科目:2202 应付账款　　　　　　　　　　　　　　　　　　　余额:借 79 092 元

日期	客户	方向	金额	发票号
2017.11.26	北京达通	贷	79 092	13578052

表 4-13 生产成本期初余额表

会计科目:5001 生产成本　　　　　　　　　　　　　　　　　　　余额:借 59 776.72 元

科目名称	男式衬衫	女式衬衫	合计
直接材料(500101)	21 902.61	20 779.20	42 681.81
直接人工(500102)	5 831.18	5 453.45	11 284.63
制造费用(500103)	3 002.38	2 807.90	5 810.28
合　计	30 736.17	29 040.55	59 776.72

(二) 固定资产管理系统

1. 参数设置(见表 4-14)

表 4-14 参 数 设 置

控制参数	参数设置
约定及说明	我同意
启用月份	2017.12
折旧信息	本账套计提折旧 折旧方法:年限平均法(一) 折旧汇总分配周期:1 个月 当(月初已计提月份＝可使用月份－1)时,将剩余折旧全部提足
编码方式	资产类别编码方式:2112 固定资产编码方式:按"类别编码＋序号"自动编码 卡片序号长度为 5
财务接口	与财务系统进行对账 对账科目 　　固定资产对账科目:1601 固定资产 　　累计折旧对账科目:1602 累计折旧
补充参数	业务发生后立即制单 月末结账前一定要完成制单登账业务 固定资产缺省入账科目:1601 累计折旧缺省入账科目:1602 增值税进项税额缺省入账科目 22210101

2. 部门对应折旧科目(见表4-15)

表4-15 部门对应折旧科目

部门名称	对应折旧科目
行政办公室	管理费用——折旧费
人力资源部	管理费用——折旧费
财务部	管理费用——折旧费
采购部	管理费用——折旧费
销售部	销售费用——其他
生产部	制造费用——折旧费
仓储部	管理费用——折旧费

3. 固定资产类别(见表4-16)

表4-16 固定资产类别

类别编码	类别名称	使用年限	净残值率	计提属性	折旧方法	卡片样式
01	房屋及建筑物	20	4%	正常计提	平均年限法(一)	通用样式
011	办公楼	20	4%	正常计提	平均年限法(一)	通用样式
012	厂房	20	4%	正常计提	平均年限法(一)	通用样式
02	生产设备	10	4%	正常计提	平均年限法(一)	含税卡片样式
03	办公设备	5	4%	正常计提	平均年限法(一)	含税卡片样式
04	运输设备	4	4%	正常计提	平均年限法(一)	含税卡片样式

4. 固定资产增减方式(见表4-17)

表4-17 固定资产增减方式

增加方式	对应入账科目	减少方式	对应入账科目
直接购入	银行存款——工行望京支行	出售	固定资产清理
盘盈	待处理财产损溢——待处理固定资产损溢	盘亏	待处理财产损溢——待处理固定资产损溢
投资者投入	实收资本	投资转出	长期股权投资
捐赠	营业外收入	捐赠转出	固定资产清理
在建工程转入	在建工程	报废	固定资产清理

5. 固定资产原始卡片(见表4-18)

表4-18 固定资产原始卡片

卡片编号	固定资产编号	名称	类别编号	所属部门	增加方式	使用年限(年)	开始使用日期	原值	对应折旧科目
00001	011001	办公楼	011	行政办公室	投资转入	20	2017-11-01	6 000 000	管理费用——折旧费
00002	012001	厂房	012	生产车间	投资转入	20	2017-11-01	8 000 000	制造费用——折旧费

(续表)

卡片编号	固定资产编号	名称	类别编号	所属部门	增加方式	使用年限(年)	开始使用日期	原值	对应折旧科目
00003	021001	全自动缝纫机	02	生产车间	直接购入	10	2017-11-05	118 750	制造费用____折旧费
00004	021002	全自动缝纫机	02	生产车间	直接购入	10	2017-11-05	118 750	制造费用____折旧费
00005	021003	全自动缝纫机	02	生产车间	直接购入	10	2017-11-05	118 750	制造费用____折旧费
00006	021004	全自动缝纫机	02	生产车间	直接购入	10	2017-11-05	118 750	制造费用____折旧费
00007	031001	联想电脑	03	行政办公室	直接购入	5	2017-11-05	5 000	管理费用____折旧费
00008	031002	联想电脑	03	行政办公室	直接购入	5	2017-11-05	5 000	管理费用____折旧费
00009	031003	联想电脑	03	人力资源部	直接购入	5	2017-11-05	5 000	管理费用____折旧费
00010	031004	联想电脑	03	财务部	直接购入	5	2017-11-05	5 000	管理费用____折旧费
00011	031005	联想电脑	03	财务部	直接购入	5	2017-11-05	5 000	管理费用____折旧费
00012	031006	联想电脑	03	仓储部	直接购入	5	2017-11-05	5 000	管理费用____折旧费
00013	031007	惠普打印机	03	行政办公室	直接购入	5	2017-11-05	2 000	管理费用____折旧费
00014	031008	惠普打印机	03	人力资源部	直接购入	5	2017-11-05	2 000	管理费用____折旧费
00015	031009	惠普打印机	03	财务部	直接购入	5	2017-11-05	2 000	管理费用____折旧费
00016	031010	惠普打印机	03	仓储部	直接购入	5	2017-11-05	2 000	管理费用____折旧费
00017	041001	小轿车	04	行政办公室	直接购入	4	2017-11-05	203 200	管理费用____折旧费

注:净残值率均为4%,使用状况均为"在用",折旧方法均采用平均年限法(一),已提折旧均为零。

(三)薪资管理系统

1. 参数设置(即建立工资账套,见表4-19)

表4-19 薪资管理系统参数设置

控制参数	参数设置
参数设置	单个工资类别;不核算计件工资
扣税设置	从工资中代扣个人所得税

(续表)

控制参数	参数设置
扣零设置	不扣零
人员编码	与公共平台的人员编码一致

2. 工资项目设置（见表4-20）

表4-20　工资项目设置

工资项目	类型	长度	小数	增减项
基本工资	数字	8	2	增项
岗位津贴	数字	8	2	增项
奖金	数字	8	2	增项
餐补	数字	8	2	增项
交通补助	数字	8	2	增项
应发合计	数字	10	2	增项
应发工资	数字	10	2	其他
五险一金计提基数	数字	10	2	其他
缺勤扣款	数字	8	2	减项
养老保险	数字	8	2	减项
医疗保险	数字	8	2	减项
失业保险	数字	8	2	减项
住房公积金	数字	8	2	减项
计税工资	数字	10	2	其他
代扣税	数字	10	2	减项
扣款合计	数字	10	2	减项
实发合计	数字	10	2	增项
缺勤天数	数字	8	2	其他

3. 银行名称设置

银行名称为"0101工商银行北京望京支行"；账号长度为19位，录入时自动带出的账号长度为16位。

4. 人员档案设置（见表4-21）

表4-21　人员档案设置

人员编号	人员姓名	部门名称	人员类别	银行代发账号
101	刘忠林	行政办公室	企业管理人员	6222105034560708001
102	王梦甜	行政办公室	企业管理人员	6222105034560708002
201	蒋大为	人力资源部	企业管理人员	6222105034560708003
301	刘涛	财务部	企业管理人员	6222105034560708004

(续表)

人员编号	人员姓名	部门名称	人员类别	银行代发账号
302	王晓宁	财务部	企业管理人员	6222105034560708005
303	李琳	财务部	企业管理人员	6222105034560708006
401	王达浩	采购部	企业管理人员	6222105034560708007
402	林红霞	采购部	企业管理人员	6222105034560708008
501	胡大海	销售部	经营人员	6222105034560708009
502	毕晶晶	销售部	经营人员	6222105034560708010
601	李志刚	生产部	车间管理人员	6222105034560708011
602	何强	生产部	生产人员	6222105034560708012
603	孟欣	生产部	生产人员	6222105034560708013
604	万晓菲	生产部	生产人员	6222105034560708014
605	吴丹	生产部	生产人员	6222105034560708015
606	张建军	生产部	生产人员	6222105034560708016
607	刘晓红	生产部	生产人员	6222105034560708017
608	吴海军	生产部	生产人员	6222105034560708018
609	李秋霞	生产部	生产人员	6222105034560708021
610	孙卫国	生产部	生产人员	6222105034560708022
701	李建华	仓储部	企业管理人员	6222105034560708019
702	丁立	仓储部	企业管理人员	6222105034560708020

注：以上所有人员均属中方人员，均应计税，且代发银行均为工商银行北京望京支行。

5．工资项目计算公式设置（见表4-22）

表4-22 工资项目计算公式设置

工资项目	定义公式
缺勤扣款	（基本工资＋岗位津贴＋奖金）÷22×缺勤天数
应发工资	基本工资＋岗位津贴＋奖金＋餐补＋交通补助－缺勤扣款
五险一金计提基数	基本工资＋岗位津贴＋奖金＋餐补＋交通补助
养老保险	五险一金计提基数×8％
医疗保险	五险一金计提基数×2％＋3
失业保险	五险一金计提基数×0.2％
住房公积金	五险一金计提基数×12％
交通补助	iff(部门="销售部",600,iff(类别="采购部",500,300))
计税工资	基本工资＋岗位津贴＋奖金＋餐补＋交通补助－缺勤扣款－养老保险－医疗保险－失业保险－住房公积金

注：交通补助工资项目的公式表示：当部门类别为"销售部"则交通补助为600元，当部门类别为"采购部"则交通补助为500元，其他则为300元。

6. 扣税依据设置

个人所得税的扣税依据为"计税工资",扣税基数为 3 500 元。

7. 工资数据设置(见表 4-23)

表 4-23　工资数据设置

人员编号	人员姓名	基本工资	岗位津贴	奖金	餐补	缺勤天数
101	刘忠林	8 000	500	2 000	400	
102	王梦甜	5 000	500	1 000	400	
201	蒋大为	7 000	500	1 500	400	
301	刘 涛	7 000	500	1 500	400	
302	王晓宁	6 000	500	1 500	400	
303	李 琳	5 000	500	1 000	400	
401	王达浩	6 000	500	1 500	400	1
402	林红霞	5 000	500	1 000	400	
501	胡大海	6 000	500	1 500	400	
502	毕晶晶	5 000	500	1 000	400	
601	李志刚	6 000	500	1 500	400	
602	何 强	5 000	500	1 000	400	
603	孟 欣	4 500	500	1 000	400	2
604	万晓菲	4 500	500	1 000	400	
605	吴 丹	4 500	500	1 000	400	
606	张建军	4 000	500	1 000	400	
607	刘晓红	4 000	500	1 000	400	
608	吴海军	4 000	500	1 000	400	1
609	李秋霞	4 000	500	1 000	400	
610	孙卫国	4 000	500	1 000	400	
701	李建华	5 000	500	1 500	400	
702	丁 立	4 000	500	1 000	400	
合 计		113 500	11 000	26 000	8 800	—

8. 工资分摊设置

(1) 工资分摊的类型及计提标准。

工资分摊的类型分为"工资""公司——社会保险费""公司——住房公积金""工会经费"和"职工教育经费"。

按应发工资的 100%,计提工资。

按五险一金计提基数的 31.6%,计提公司应该承担的社会保险费。

按五险一金计提基数的 12%,计提公司应该承担的住房公积金。

按应发工资的 2%,计提工会经费。

按应发工资的1.5%,计提职工教育经费。

(2) 分摊构成设置(见表4-24)。

表4-24 分摊构成设置

计提类型名称	部门名称	人员类别	项目	借方科目	贷方科目
工资（计提比例100%）	行政办公室、人力资源部、财务部、采购部、仓储部	企业管理人员	应发工资	管理费用——职工薪酬(660201)	应付职工薪酬——工资(221101)
	销售部	经营人员	应发工资	销售费用——职工薪酬(660101)	
	生产部	车间管理人员	应发工资	制造费用——职工薪酬(510101)	
	生产部	生产人员	应发工资	生产成本——直接人工(500102)(产品/男式衬衫)	
	生产部	生产人员	应发工资	生产成本——直接人工(500102)(产品/女式衬衫)	
公司——社会保险费（计提比例31.6%）	行政办公室、人力资源部、财务部、采购部、仓储部	企业管理人员	五险一金计提基数	管理费用——职工薪酬(660201)	应付职工薪酬——社会保险费(221103)
	销售部	经营人员	五险一金计提基数	销售费用——职工薪酬(660101)	
	生产部	车间管理人员	五险一金计提基数	制造费用——职工薪酬(510101)	
	生产部	生产人员	五险一金计提基数	生产成本——直接人工(500102)(产品/男式衬衫)	
	生产部	生产人员	五险一金计提基数	生产成本——直接人工(500102)(产品/女式衬衫)	
公司——住房公积金（计提比例12%）	行政办公室、人力资源部、财务部、采购部、仓储部	企业管理人员	五险一金计提基数	管理费用——职工薪酬(660201)	应付职工薪酬——住房公积金(221104)
	销售部	经营人员	五险一金计提基数	销售费用——职工薪酬(660101)	
	生产部	车间管理人员	五险一金计提基数	制造费用——职工薪酬(510101)	
	生产部	生产人员	五险一金计提基数	生产成本——直接人工(500102)(产品/男式衬衫)	
	生产部	生产人员	五险一金计提基数	生产成本——直接人工(500102)(产品/女式衬衫)	

(续表)

计提类型名称	部门名称	人员类别	项目	借方科目	贷方科目
工会经费（计提比例2%）	行政办公室、人力资源部、财务部、采购部、仓储部	企业管理人员	应发工资	管理费用——职工薪酬（660201）	应付职工薪酬——工会经费（221105）
	销售部	经营人员	应发工资	销售费用——职工薪酬（660101）	
	生产部	车间管理人员	应发工资	制造费用——职工薪酬（510101）	
	生产部	生产人员	应发工资	生产成本——直接人工（500102）(产品/男式衬衫)	
	生产部	生产人员	应发工资	生产成本——直接人工（500102）(产品/女式衬衫)	
职工教育经费（计提比例1.5%）	行政办公室、人力资源部、财务部、采购部、仓储部	企业管理人员	应发工资	管理费用——职工薪酬（660201）	应付职工薪酬——职工教育经费（221106）
	销售部	经营人员	应发工资	销售费用——职工薪酬（660101）	
	生产部	车间管理人员	应发工资	制造费用——职工薪酬（510101）	
	生产部	生产人员	应发工资	生产成本——直接人工（500102）(产品/男式衬衫)	
	生产部	生产人员	应发工资	生产成本——直接人工（500102）(产品/女式衬衫)	

项目五 业务处理及报表编制

实训一 业务处理

一、实训目标

(1) 掌握用友 U8V10.1 软件中总账系统日常业务处理及月末处理的相关内容。
(2) 熟悉总账系统日常业务处理及月末处理的各种操作方法。
(3) 掌握固定资产管理系统日常业务处理、月末处理等操作方法。
(4) 掌握薪资管理系统日常业务处理、工资分摊及月末处理。
(5) 掌握自动转账设置与生成、月末结账的操作方法。
(6) 掌握总账与各子系统的对账操作和账表查询。

二、实训内容

具体资料见项目三实训二中 2017 年 12 月发生的第 1 至第 63 笔经济业务。

实训二 财务报表编制

一、实训目标

(1) 理解并熟悉用友 U8V10.1 软件中报表管理子系统的数据状态与格式状态的区别。
(2) 理解报表管理系统数据处理与输出的具体内容及操作方法。

二、实训内容

利用报表模版生成北京大华制衣有限公司的资产负债表和利润表。

附录一　企业设立事项相关原始凭证

凭1-1-1

提请注意:填写本文件之前,请您仔细阅读"注意事项"。

指定(委托)书

兹指定(委托)＿＿＿＿＿＿＿＿(代表或代理人姓名)向工商行政管理机关办理＿＿＿＿＿＿(单位名称)的登记注册(备案)手续。

委托期限自＿＿＿年＿＿＿月＿＿＿日至＿＿＿年＿＿＿月＿＿＿日。

委托事项(请在以下选项□划"√"):

□ 报送登记文件　　□ 领取营业执照和有关文书　　□ 其他事项:＿＿＿＿＿

请确认代表或代理人更正下列内容的权限(请在以下选项□内划"√"):

1. 修改文件材料中的文字错误:　　　同意□　不同意□
2. 修改表格的填写错误:　　　　　　同意□　不同意□

指定(委托)人签字或加盖公章③:＿＿＿＿＿＿＿＿＿＿＿＿＿＿＿＿＿＿＿＿＿

　　代表或代理人郑重承诺:本人了解办理工商登记的相关法律、政策及规定,确认本次申请中所提交申请材料以及有关证件、签字、盖章属实,不存在协助申请人伪造或出具虚假文件、证件,提供非法或虚假住所(经营场所)等违法行为,否则将依法承担相应责任。

　　代表或代理人签字:＿＿＿＿＿＿＿＿

年　　月　　日

凭1-1-2

名称使用承诺书

＿＿＿＿＿＿局:

　　本公司＿＿＿＿＿＿＿＿由投资人＿＿＿＿＿＿＿共同投资组建。现全体股东承诺:企业名称在使用过程中如有相关企业提出异议,本公司自愿根据市场监管(工商)部门的要求,无条件变更企业名称,并自愿承担由此产生的法律后果。

　　特此承诺。

＿＿＿＿＿＿＿＿＿＿＿＿公司全体股东

法人股东(法定代表人签字并盖章):

自然人股东(签字):

年　　月　　日

凭1-1-3(a)

名称预先核准申请书

申请名称				
备选字号	1		4	
	2		5	
	3		6	
主营业务				
企业类型	内资： 　　公司制：☐ 有限责任公司　　☐ 股份有限公司 　　非公司制：☐ 全民所有制企业　☐ 集体所有制企业　☐ 股份合作 　　　　　　☐ 合伙企业(☐ 普通合伙　☐ 有限合伙　☐ 特殊普通合伙) 　　　　　　☐ 个人独资企业　☐ 农民专业合作组织　☐ 个体工商户 外资：☐ 外资企业(全部由外国投资者投资)　☐ 合资经营企业 　　　☐ 合作经营企业　☐ 股份有限公司 　　　☐ 合伙企业(☐ 普通合伙　☐ 有限合伙　☐ 特殊普通合伙) 　　　☐ 港澳台个体工商户 ☐ 分支机构			
字号许可方式 （无此项可不填写）	☐ 投资人字号/姓名许可 ☐ 商标授权许可 ☐ 非投资人字号许可		许可方名称(姓名) 及证照或证件号码	
注册资本(金)或资金数额或出资额(营运资金)	（小写）_____万元（如为外币请注明币种）_____			
备注说明				

注：(1)"主营业务"是指企业所从事的主要经营项目。例如信息咨询、科技开发等。企业名称中的行业用语表述应当与其"主营业务"一致。主营业务包括两项及以上的，以第一项主营业务确定行业用语。

(2)填写"企业类型"栏目时，请在相应选项对应的"☐"内打"√"。"√"选"分支机构"类型的，请对其所从属企业的类型也进行"√"选。例如：北京华达贸易有限公司分公司的"企业类型"请选择"有限责任公司"和"分支机构"两种类型。

(3)本申请表中所称企业均包括个体工商户。

(4)本页填写不下的可另复印填写。

凭 1-1-3(b)

投资人(合伙人)名录

序号	投资人(合伙人)名称或姓名	投资人(合伙人)证照或身份证号码	投资人(合伙人)类型	拟投资额(出资额)(万元)	国别(地区)或省市(县)
1					
2					
3					
4					
5					
6					

注:(1) 请您认真阅读《投资办照通用指南及风险提示》中有关投资人资格的说明,避免后期更换投资人给您带来不便。
　　(2) 投资人(合伙人)名称或姓名应当与资格证明文件上的名称或身份证明文件上的姓名一致,境外投资人(合伙人)名称或姓名应翻译成中文,填写准确无误。申请设立分支机构,请在"投资人(合伙人)名称或姓名"栏目中填写所隶属企业名称。
　　(3) "投资人(合伙人)类型"栏,填自然人、企业法人、事业法人、社团法人或其他经济组织。
　　(4) "国别(地区)或省市(县)"栏内,外资企业的投资人(合伙人)填写其所在国别(地区),内资企业投资人(合伙人)填写证照核发机关所在省、市(县)。
　　(5) 本页填写不下的可另复印填写。

凭 1-1-4

企业名称预先核准申请文件一览表

序号	资料名称	完成情况
1	有限责任公司的全体股东签署的"指定(委托)书"	□完成　□未完成
2	有限责任公司的全体股东签署的"名称使用承诺书"	□完成　□未完成
3	有限责任公司的全体股东签署的"名称预先核准申请书"	□完成　□未完成
4	全体股东或者发起人指定代表或者共同委托代理人的身份证件复印件	□完成　□未完成
5	国家工商行政管理总局规定要求提交的其他文件	□完成　□未完成

凭1-1-5

_____公司章程

第一章 总 则

第一条 依据《中华人民共和国公司法》(以下简称《公司法》)及有关法律、法规的规定,设立_____公司(以下简称"公司"),经全体股东讨论,特制订本章程。

第二条 本章程中的各项条款与法律、法规、规章不符的,以法律、法规、规章的规定为准。

第二章 公司的名称和住所

第三条 公司名称:_____公司

第四条 公司住所:_____

第三章 公司经营范围

第五条 公司经营范围:

公司经营范围中属于法律、行政法规或者国务院决定规定在登记前须经批准的项目的,应当在申请登记前报经国家有关部门批准。

第四章 公司注册资本

第六条 公司注册资本:人民币_____元。

第五章 股东的姓名或者名称、出资方式、出资额和出资时间

第七条 股东的姓名或者名称、出资方式、出资额和出资时间如下:

股东的姓名(名称)	出资方式	出资额	出资时间
合 计			

第八条 公司成立后,应向股东签发出资证明书并置备股东名册。

第六章 公司的机构及其产生办法、职权、议事规则

第九条 公司股东会由全体股东组成,是公司的权力机构,行使下列职权:

(一)决定公司的经营方针和投资计划;

(二)选举和更换执行董事,决定有关执行董事的报酬事项;

(三)选举和更换由股东代表担任的监事,决定监事的报酬事项;

(四)审议批准执行董事的报告;

（五）审议批准监事的报告；

（六）审议批准公司的年度财务预算方案、决算方案；

（七）审议批准公司的利润分配方案和弥补亏损方案；

（八）对公司增加或者减少注册资本作出决议；

（九）对股东向股东以外的人转让出资作出决议；

（十）对公司合并、分立、解散、清算或者变更公司形式等事项作出决议；

（十一）修改公司章程；

（十二）聘任或解聘公司经理；

（十三）公司章程规定的其他职权。

第十条 首次股东会会议由出资最多的股东召集和主持，依照公司法规定行使职权。

第十一条 股东会会议由股东按照认缴的出资比例行使表决权。

第十二条 股东会会议分为定期会议和临时会议。

召开股东会会议，应当于会议召开_____日以前通知全体股东。

定期会议_____召开一次。代表_____以上表决权的股东、_____以上的监事提议召开临时会议的，应当召开临时会议。

股东不能出席股东会会议的，可以书面委托他人参加，由受托人依法行使委托书中载明的代理权限。

第十三条 股东会会议由执行董事召集并主持；执行董事不能履行或者不履行召集股东会会议职责的，由监事召集和主持；监事不召集和主持的，代表_____以上表决权的股东可以自行召集和主持。

第十四条 股东会会议作出修改公司章程、增加或者减少注册资本的决议，以及公司合并、分立、解散或者变更公司形式的决议，必须经代表_____以上表决权的股东通过。

第十五条 公司不设董事会，设执行董事_____人，由股东选举产生。执行董事任期_____年，任期届满，可连选连任。执行董事在任期届满前，股东会不得无故解除其职务。

第十六条 执行董事对股东会负责，行使下列职权：

（一）负责召集股东会会议，并向股东会报告工作；

（二）执行股东会的决议；

（三）审定公司的经营计划和投资方案；

（四）制订公司的年度财务预算方案、决算方案；

（五）制订公司的利润分配方案和弥补亏损方案；

（六）制订公司增加或者减少注册资本以及发行公司债券的方案；

（七）制订公司合并、分立、解散或者变更公司形式的方案；

（八）决定公司内部管理机构的设置；

（九）决定聘任或者解聘公司经理及其报酬事项，并根据经理的提名决定聘任或者解聘副经理、财务负责人及其报酬事项；

（十）制定公司的基本管理制度；

（十一）在发生战争、特大自然灾害等紧急情况下，对公司事务行使特别裁决权和处置权，但这类裁决权和处置权须符合公司利益，并在事后向股东会报告。

第十七条 公司设经理一名，由股东会聘任或者解聘。经理对股东会负责，行使下列职权：

（一）主持公司的生产经营管理工作；

（二）组织实施公司年度经营计划和投资方案；

（三）拟订公司内部管理机构设置方案；

（四）拟订公司的基本管理制度；

（五）制定公司的具体规章；

（六）提请聘任或者解聘公司副经理、财务负责人；

（七）决定聘任或者解聘除应由股东会决定聘任或者解聘以外的负责管理人员，经理列席股东会会议；

（八）股东会授予的其他职权。

第十八条 公司不设监事会，设监事_____人（注：最多2人，3人以上需设监事会），由公司股东会选举产生。监事对股东会负责，监事任期每届_____年，任期届满，可以连任。

第十九条 公司监事行使下列职权：

（一）检查公司财务；

（二）对执行董事、高级管理人员执行公司职务的行为进行监督，对违反法律、行政法规、公司章程或者股东会决议的执行董事、高级管理人员提出罢免的建议；

（三）当执行董事、高级管理人员的行为损害公司的利益时，要求执行董事、高级管理人员予以纠正；

（四）提议召开临时股东会会议，在执行董事不履行《公司法》规定的召集和主持股东会会议职责时召集和主持股东会会议；

（五）向股东会会议提出草案；

（六）依法对执行董事、高级管理人员提起诉讼；

（七）公司章程规定的其他职权。

第七章 公司法定代表人

第二十条 公司法定代表人由执行董事担任，任期3年，由股东会选举产生，任期届满，可连选连任。

第二十一条 法定代表人行使以下职权：

（一）召集和主持股东会议；

（二）检查股东会议的落实情况，并向股东会报告；

（三）代表公司签署有关文件；

（四）在发生战争、特大自然灾害等紧急情况下，对公司事务行使特别裁决权和处置权，但这类裁决权和处置权须符合公司利益，并在事后向股东会报告；

（五）公司章程规定的其他职权。

第八章　股东会认为需要规定的其他事项

第二十二条　股东之间可以相互转让其全部或者部分股权。

第二十三条　股东向股东以外的人转让股权,应当经其他股东过半数同意。股东应就其股权转让事项书面通知其他股东征求同意,其他股东自接到书面通知之日起满30日未答复的,视为同意转让。其他股东半数以上不同意转让的,不同意的股东应当购买该转让的股权;不购买的,视为同意转让。

经股东同意转让的股权,在同等条件下,其他股东有优先购买权。两个以上股东主张行使优先购买权的,协商确定各自的购买比例;协商不成的,按照转让时各自的出资比例行使优先购买权。

第二十四条　公司的营业期限为_____年,自公司营业执照签发之日起计算。

第二十五条　有下列情形之一的,公司清算组应当自公司清算之日起30日内向原公司登记机关申请注销登记:

（一）公司被依法宣告破产;

（二）公司章程规定的营业期限届满或者公司章程规定的其他解散事由出现,但公司通过修改公司章程而存续的除外;

（三）股东会决议解散;

（四）依法被吊销营业执照、责令关闭或者被撤销;

（五）人民法院依照公司法的规定予以解散;

（六）法律、行政法规规定的其他解散情形。

第九章　附　　则

第二十六条　公司登记事项以公司登记机关核定的为准。

第二十七条　本章程由全体股东签字盖章后生效。

第二十八条　本章程一式_____份,并报公司登记机关备案一份。

全体股东(签字、盖章):

年　月　日

凭1-1-6

内资公司设立登记申请书
登记基本信息表

公司名称				
住　　所	北京市　　　区(县)			（门牌号）
生产经营地	省(区、市)　　　市　　　县			（门牌号）
法定代表人		注册资本		万元
公司类型				
经营范围				
营业期限	长期/___年	申请副本数	_____份	
股东(发起人)名称或姓名				

注：① 填写住所时请列明详细地址，精确到门牌号或房间号，如"北京市××区××路(街)××号××室"。
② 生产经营地用于核实税源，请如实填写详细地址；如不填写，视为与住所一致。发生变化的，由企业向税务主管机关申请变更。
③ 公司"法定代表人"是指依据章程确定的董事长(执行董事或经理)。
④ "注册资本"项应填：有限责任公司在公司登记机关登记的全体股东认缴的出资额；发起设立的股份有限公司在公司登记机关登记的全体发起人认购的股本总额；募集设立的股份有限公司在公司登记机关登记的实收股本总额。
⑤ 本页不够填的，可复印续填。

法定代表人、董事、经理、监事信息表

股东在本表的盖章或签字视为对下列人员职务的确认。如另行提交下列人员的任职文件，则无需股东在本表盖章或签字。

姓名	现居所	职务信息			是否为法定代表人	法定代表人移动电话
		职务	任职期限	产生方式		

全体股东盖章(签字)：

凭 1-1-7

企业申请设立登记文件一览表

序号	材料	提 示	完成情况
1	内资公司设立登记申请书	由法定代表人亲笔签署(其他填写要求详见申请书上的说明提示)	□完成 □未完成
2	公司章程	全体股东共同签署,其中自然人股东亲笔签字,法人股东加盖公章	□完成 □未完成
3	企业名称预先核准通知书	通过北京市工商局网站网上申办名称预先登记的,可以不领取纸质"企业名称预先核准通知书"	□完成 □未完成
4	股东资格证明	自然人股东提交身份证复印件,企业法人股东提交加盖公章的营业执照复印件。[其他类别股东资格证明的提交方式参见"投资办照通用指南及风险提示"中"如何准备投资人(股东)资格证明文件"的详细说明]	□完成 □未完成
5	指定(委托)书	应由全体股东共同签署	□完成 □未完成
6	住所使用证明	产权人签字或盖章的房产证复印件。产权人为自然人的应亲笔签字,产权人为单位的应加盖公章	□完成 □未完成
7	许可项目审批文件	仅限经营项目涉及前置许可的,如危险化学品经营、快递业务等	□完成 □未完成
8	补充信息登记表		□完成 □未完成

凭 1-2-1

开立单位基本存款账户申请文件一览表

序号	资料名称	完成情况
1	统一社会信用代码(正本)和三份复印件	□完成 □未完成
2	法人代表身份证原件和三份复印件	□完成 □未完成
3	单位行政公章、财务专用章、法人代表或财务负责人印章	□完成 □未完成
4	开户银行要求的其他相关文件	□完成 □未完成

凭1-2-2

开立单位银行结算账户申请书

存款人名称		电 话	
地 址		邮 编	
存款人类别		组织机构代码	
法定代表人（ ）单位负责人（ ）	姓 名		
	证件种类	证件号码	
行业分类	A（ ）B（ ）C（ ）D（ ）E（ ）F（ ）G（ ）H（ ）I（ ）J（ ） K（ ）L（ ）M（ ）N（ ）O（ ）P（ ）Q（ ）R（ ）S（ ）T（ ）		
注册资金	币种： 金额：	地区代码	
经营范围			
证明文件种类		证明文件编号	
国税登记证号		地税登记证号	
关联企业	关联企业信息填列在"关联企业登记表"上。		
账户性质	基本（ ） 一般（ ） 专用（ ） 临时（ ）		
资金性质		有效日期至 年 月 日	

以下为存款人上级法人或主管单位信息：

上级法人或主管单位名称			
基本存款账户开户许可证核准号		组织机构代码	
法定代表人（ ）单位负责人（ ）	姓 名		
	证件种类	证件号码	

以下栏目由开户银行审核后填写：

开户银行名称			
开户银行代码		账 号	
账户名称			
基本存款账户开户许可证核准号		开户日期	
本存款人申请开立单位银行结算账户，并承诺所提供的开户资料真实、有效。 存款人（公章） 年 月 日	开户银行审核意见： 经办人（签章） 开户银行（签章） 年 月 日		人民银行审核意见： （非核准类账户除外） 经办人（签章） 人民银行（签章） 年 月 日

凭1-2-3

开立单位银行结算账户申请书

存款人名称			电　　话	
地　　址			邮　　编	
存款人类别		组织机构代码		
法定代表人（　） 单位负责人（　）	姓　　名			
	证件种类		证件号码	
行业分类	A(　)B(　)C(　)D(　)E(　)F(　)G(　)H(　)I(　)J(　) K(　)L(　)M(　)N(　)O(　)P(　)Q(　)R(　)S(　)T(　)			
注册资金	币种：	金额：	地区代码	
经营范围				
证明文件种类		证明文件编号		
国税登记证号		地税登记证号		
关联企业	关联企业信息填列在"关联企业登记表"上。			
账户性质	基本(　　　) 一般(　　　) 专用(　　　) 临时(　　　)			
资金性质		有效日期至	年　　月　　日	

以下为存款人上级法人或主管单位信息：

上级法人或主管单位名称				
基本存款账户开户许可证核准号			组织机构代码	
法定代表人（　） 单位负责人（　）	姓　　名			
	证件种类		证件号码	

以下栏目由开户银行审核后填写：

开户银行名称				
开户银行代码			账　　号	
账户名称				
基本存款账户开户许可证核准号			开户日期	
本存款人申请开立单位银行结算账户，并承诺所提供的开户资料真实、有效。 　　　存款人(公章) 　　　年　月　日	开户银行审核意见： 经办人(签章) 开户银行(签章) 年　月　日		人民银行审核意见： (非核准类账户除外) 经办人(签章) 人民银行(签章) 年　月　日	

附录一　企业设立事项相关原始凭证

凭 1-2-4

开立单位一般存款账户申请文件一览表

序号	资料名称	完成情况
1	统一社会信用代码（正本）和三份复印件	□完成 □未完成
2	法人代表身份证原件和三份复印件	□完成 □未完成
3	单位行政公章、财务专用章、法人代表或财务负责人印章	□完成 □未完成
4	基本存款账户开户许可证	□完成 □未完成
5	开立一般存款账户的相关合同或证明资料	□完成 □未完成
6	开户银行要求的其他相关文件	□完成 □未完成

凭 1-2-5

单位库存现金限额申请批准书

申请单位： 　　　　　　　　　　　　　　　　单位：
开户银行： 　　　　　　　　　　　　　　　　账号：

每日现金支付项目	申请数	核定数	备注
与银行商定现金保留天数：_____天			
合计			
申请单位 盖章 年　月　日	银行审查意见 盖章 年　月　日	申请主管部门意见 盖章 年　月　日	

凭1-2-6

中国工商银行 北京市望京支行营业部空白支票请购单 ④

年 月 日　　　　　　　　　　　　　编号：

请购人	全称		请购凭证	名称	
	账号			号码	
	开户银行			数量	
金额	人民币（大写）				千百十元角分

| 本存款人已通读本请购单背面所列《支票票据行为诚信承诺书》，对其所列全部内容已理解并承诺遵守。 | 上列空白支票工本费已从你（单位）账户中支付。（银行盖章） | 请购人签收： | 会计分录：
借：
贷：

授权柜员　操作柜员 |

第四联 银行回执作业单位收据或记账凭证

凭1-2-7

中国工商银行　　　　　　　　收费凭条
INDUSTRIA AND COMMERCIAL BANK OF CHINA

2017年11月04日

付款人名称	北京大华制衣有限公司	付款人账号	工商银行望京支行营业部 1102024500531245326								
服务项目（凭证种类）	数量	工本费	手续费	\multicolumn{6}{c}{小　计}	上述款项请从我账户中支付	
				万	千	百	十	元	角	分	
现金支票	1	5.00	15.00				2	0	0	0	
											预留印鉴：
人民币（大写）贰拾元整							¥2	0	0	0	
以下在购买凭证时填写											
领购人姓名		领购人证件类型									
		领购人证件号码									

事后监督：　　　　　　　　　　记账：

凭 1-2-8

中国工商银行 北京市望京支行营业部空白支票请购单 ④

年　月　日　　　　　　　　　　编号：

请购人	全称			请购凭证	名称	
	账号				号码	
	开户银行				数量	
金额	人民币（大写）					千百十元角分

本存款人已通读本请购单背面所列《支票票据行为诚信承诺书》，对其所列全部内容已理解并承诺遵守。	上列空白支票工本费已从你（单位）账户中支付。（银行盖章）	请购人签收：	会计分录： 借： 贷： 授权　　　　操作 柜员　　　　柜员

第四联 银行回执作业单位收据或记账凭证

- - - - - - - ✂ - ✂ - - - - - - -

凭 1-2-9

中国工商银行　　　　　　　　　　收费凭条
INDUSTRIA AND COMMERCIAL BANK OF CHINA

2017年11月04日

付款人名称	北京大华制衣有限公司		付款人账号	工商银行望京支行营业部 1102024500531245326								
服务项目 （凭证种类）	数量	工本费	手续费	小　计								
				万	千	百	十	元	角	分		
转账支票	1	5.00	25.00				3	0	0	0		
人民币（大写）叁拾元整						¥	3	0	0	0		
以下在购买凭证时填写												
领购人姓名			领购人证件类型									
			领购人证件号码									

事后监督：　　　　　　　　　　　记账：

凭1-2-10

中国工商银行电子银行企业客户服务协议

甲方：_____
乙方：中国工商银行_____

为明确双方的权利和义务，规范双方业务行为，甲方（客户）、乙方（中国工商银行）本着平等互利的原则，就电子银行服务相关事宜达成本协议。

第一条 定义

下列用语在本协议中的含义为：

"电子银行"是指通过网络和电子终端为客户提供自助金融服务的虚拟银行。中国工商银行电子银行通过电话银行、网上银行、手机银行等为客户提供查询、转账、支付结算和理财等资金管理服务。

"客户证书"是指用于存放客户身份标识，并对客户发送的电子银行交易信息进行数字签名的电子文件。

"企业"是指在我行开立账户的企事业及其他单位。

"分支机构"是指与甲方具有业务往来关系或行政隶属关系并在我行开立账户的单位，包括分公司、子公司、业务合作伙伴、行政隶属机构等。

"电子银行业务指令"是指客户以客户编号（卡号）或客户证书以及相应密码，通过网络向银行发出的查询、转账等要求。

"账户查询、转账授权书"是甲方的分支机构授权乙方为甲方提供其账户信息，或同时授权乙方按照甲方的电子银行业务指令从其账户中划转资金的书面证明文件。

第二条 甲方权利、义务

一、权利

（一）甲方自愿申请注册乙方电子银行，经乙方同意后，将有权根据注册项目的不同享受相应的服务。

（二）甲方有权对签署"账户查询、转账授权书"的分支机构，依据分支机构授权的权限不同，通过电子银行渠道查询其账户或从其账户划转资金。

（三）服务有效期内甲方有权办理电子银行注销手续。

（四）协议终止或在服务有效期内中止时，甲方无须退回客户证书和读卡器。

（五）因网络、通讯故障等原因，甲方不能通过乙方电子银行系统办理业务时，甲方或其分支机构可到乙方营业网点办理相应银行业务。

（六）甲方对乙方电子银行服务如有疑问、建议或意见时，可拨打电话"95588"、登录乙方网站或到乙方各营业网点进行咨询和投诉。

二、义务

（一）甲方办理电子银行业务，应遵守《中国工商银行电子银行章程》和乙方网站公布的交易规则。

（二）甲方办理电子银行注册、注销、变更等手续，应提供相关资料，填写相关申请表，并加盖预留印鉴。甲方向乙方提供的业务申请表是本协议不可分割的组成部分。甲方应保证所填写的申请表和所提供的资料真实、准确、完整，对于因甲方提供信息不真实或不完整所造成的损失由甲方承担。

（三）甲方领取客户证书时，须确认并交回企业客户证书领取单，通知银行解冻客户证书。

（四）甲方必须指定专人妥善保管和使用客户编号（卡号）、密码及客户证书，不得提供给未指定的其他人，同时应明确使用人员的权限设置，明确各项操作授权的控制，以防范内部风险、保护账户资金安全。甲方对所有使用客户编号（卡号）、密码及客户证书进行的操作负责。乙方执行通过安全程序的电子支付指令后，甲方不得要求变更或撤销电子支付指令。

（五）甲方客户证书在有效期内损毁、锁码、遗失或密码泄露、遗忘，应及时到营业网点办理更换、解锁、挂失或密码重置手续。办妥上述手续之前所产生的一切后果由甲方承担。

（六）甲方在使用电子银行服务过程中，所提供的资料信息如有更改，例如基本注册信息变更、增加（撤销）分支机构、增（删）账号、变更分支机构开户银行、账号、户名等，应及时办理有关手续，办妥上述手续之前所产生的一切后果由甲方承担。

（七）甲方应保证办理电子支付业务账户的支付能力，并严格遵守支付结算业务的相关法律、法规。

（八）如甲方发现乙方对其电子银行业务指令的处理确有错误，应及时通知乙方。

（九）甲方使用乙方电子银行服务，应按照中国工商银行电子银行业务相关收费标准支付各项费用，并同意乙方从其账户主动扣收。

（十）甲方不得以与第三方发生纠纷为理由拒绝支付应付乙方的款项。

（十一）甲方不得有意诋毁、损害乙方声誉或恶意攻击乙方电子银行系统。

（十二）甲方办理电子银行业务时，如其使用的服务功能涉及乙方其他业务规定或规则的需同时遵守。

（十三）甲方长期不使用电子银行，应主动申请办理注销手续。

第三条　乙方权利、义务

一、权利

（一）乙方有权根据甲方资信情况，决定是否受理甲方的注册申请。

（二）乙方有权制定电子银行业务收费标准，并在网站及营业网点进行公布。

（三）乙方具有对电子银行系统进行升级、改造的权利。

（四）甲方存在未按时支付有关费用、不遵守乙方有关业务规定或存在恶意操作、诋毁、损害乙方声誉等情况的，乙方有权单方终止对甲方提供电子银行服务，并保留追究甲方责任的权利。甲方利用乙方电子银行从事违反国家法律、法规活动的，乙方将按照有权部门的要求停止为其办理电子银行业务。

（五）如甲方的某些分支机构已在甲方相关申请表中列示但并未签署"账户查询、转账授权书"的，乙方不负责为甲方提供未经授权的电子银行服务。

（六）乙方根据甲方的电子银行业务指令办理业务，为甲方办理转账等业务的时间以乙方在电子银行系统中处理的时间为准。对所有使用甲方客户编号（卡号）、密码或客户证书进行的操作均视为甲方本人所为，由此产生的电子信息记录均作为处理电子银行业务的有效凭据。

（七）乙方因以下情况没有正确执行甲方提交的电子银行业务指令，不承担任何责任：

1. 乙方接收到的指令信息不明、存在乱码、不完整等。
2. 甲方账户存款余额或信用额度不足。
3. 甲方账户内资金被依法冻结或划。
4. 甲方未能按照乙方的有关业务规定正确操作。
5. 不可抗力或其他不属乙方过失的情况。

（八）协议终止或在服务有效期内中止时，乙方不退还甲方已缴纳的有关费用。

二、义务

（一）乙方对于电子银行所使用的相关软件的合法性承担责任。

（二）乙方负责及时为甲方办理电子银行注册手续，并按甲方注册功能的不同为甲方提供相应的电子银行服务。

（三）乙方负责向甲方提供电子银行业务咨询服务，并在乙方网站公布业务介绍、热点解答、交易规则等内容。

（四）乙方应在法律、法规许可范围内使用甲方的资料和交易记录。乙方对甲方提供的申请资料和其他信息有保密的义务，但法律、法规另有规定的除外。

（五）乙方同意甲方申请后，应及时将客户证书及密码交付给甲方，并保证在交付之前该客户证书均处于冻结状态。

（六）在乙方系统正常运行情况下，乙方负责及时准确地处理甲方发送的电子银行业务指令。提供服务如下：

1. 为甲方提供24小时网上查询服务。
2. 对甲方发出的系统内同城支付指令即时处理，实时入账。
3. 对甲方发出的系统内异地支付指令，加急指令即时处理，2小时内入账；普通指令当天处理，次工作日内入账。

4. 对甲方发出的系统外同城/异地支付指令,按人民银行有关规定处理。

(七)乙方收到甲方对电子银行业务的问题反映时,应及时进行调查并告知甲方调查结果。

第四条　法律适用条款

本协议的成立、生效、履行和解释,均适用中华人民共和国法律;法律无明文规定的,可适用通行的金融惯例。

本协议是乙方的其他既有协议和约定的补充而非替代文件,如本协议与其他既有协议和约定有冲突,涉及电子银行业务的,应以本协议为准。

第五条　差错和争议的解决

甲方发现自身未按规定操作,或由于自身其他原因造成电子银行业务指令未执行、未适当执行、延迟执行的,应及时通过拨打服务热线"95588"或到营业网点通知乙方。乙方应积极调查并告知甲方调查结果。

因乙方工作失误导致甲方支付指令处理延误的,乙方按《支付结算办法》的有关规定赔偿。

双方在履行本协议的过程中,如发生争议,应协商解决。协商不成的,任何一方均可向乙方所在地人民法院提起诉讼。

第六条　协议的中止和终止

乙方提供的电子银行服务受甲方注册账户情况的制约,如该账户由于挂失、止付、清户等原因不能使用,相关服务自动中止。甲方注册账户状态恢复正常时,乙方重新提供相应服务。

甲方电子银行注销手续办理完毕,本协议即为终止。

在甲方违反本协议规定或其他乙方业务规定的情况下,乙方有权中止或终止本协议。协议终止并不意味着终止前所发生的未完成交易指令的撤销,也不能消除因终止前的交易所带来的任何法律后果。

第七条　协议的效力和生效

本协议的任何条款如因任何原因而被确认无效,都不影响本协议其他条款的效力。

本协议自乙方向甲方交付客户证书和密码之日起生效。

甲方法人代表(授权代理人)签章:　　　　　　　乙方(银行盖章):
单位公章:
日期:　　年　　月　　日　　　　　　　　　　　日期:　　年　　月　　日

凭1-2-11

企业客户证书及账户信息表　　　　第　页

客户证书基本信息　　新增□　变更□			
第一种证书（具备基本权限）金卡□　银卡□　USBKEY□		第二种证书（具备授权权限）金卡□　银卡□　USBKEY□	
证书类型　工行证书□　CFCA证书□		证书类型　工行证书□　CFCA证书□	
证书ID	备选：	证书ID	备选：
证件类型	证件号码	证件类型	证件号码
开通自助管理本企业ID权限	开通□　关闭□	开通自助管理本企业ID权限	开通□　关闭□
开通企业手机银行（WAP）授权业务	开通企业手机银行（WAP）授权业务手机号码： 手机银行（WAP）最高授权限额： 开通□　关闭□	开通企业手机银行（WAP）授权业务	开通企业手机银行（WAP）授权业务手机号码： 手机银行（WAP）最高授权限额： 开通□　关闭□
基本限额	大写：　　小写：¥		
向任意账号付款： 同意□　不同意□	批量付款： 同意□ 不同意□	开通个人信贷服务 同意□ 不同意□	授权层级： 授权顺序： 层级授权人数：	授权限额 组合授权限额	大写：　小写：¥ 大写：　小写：¥
设置多级组合授权的业务	付款业务□　贷款业务□　投资理财□　票据托管□　贵宾室□　集团理财□　国际结算□ 其他子功能名称		

账户及证书操作权限信息　　新增□　变更□					
账户类型：分支机构（含总部）□　集团外常用账户□					
名称		地址		邮编	
联系人	联系电话	编号		（银行填写）	
账号	开户行	备注	第一种证书操作权限	第二种证书操作权限	
	新增□ 删除□			可查询□　可转出□　可转入□ 可理财□　票据业务□　无权限□	可查询□　可授权□ 可理财□　无权限□
	新增□ 删除□			可查询□　可转出□　可转入□ 可理财□　票据业务□　无权限□	可查询□　可授权□ 可理财□　无权限□
	新增□ 删除□			可查询□　可转出□　可转入□ 可理财□　票据业务□　无权限□	可查询□　可授权□ 可理财□　无权限□
	新增□ 删除□			可查询□　可转出□　可转入□ 可理财□　票据业务□　无权限□	可查询□　可授权□ 可理财□　无权限□

账户及证书操作权限信息　　新增□　变更□					
账户类型：分支机构□　集团外常用账户□					
名称		地址		邮编	
联系人	联系电话	编号		（银行填写）	
账号	开户行名称	备注	第一种证书操作权限	第二种证书操作权限	
	新增□ 删除□			可查询□　可转出□　可转入□ 可理财□　票据业务□　无权限□	可查询□　可授权□ 可理财□　无权限□

(续表)

	新增☐ 删除☐			可查询☐ 可转出☐ 可转入☐ 可理财☐ 票据业务☐ 无权限☐			可查询☐ 可授权☐ 可理财☐ 无权限☐	
			账户及证书操作权限信息 新增☐ 变更☐					
账户类型:分支机构☐ 集团外常用账户☐ □协定存款账户☐								
名称			地址			邮编		
联系人		联系电话		编号			(银行填写)	
账号		开户行名称		备注	第一种证书操作权限		第二种证书操作权限	
	新增☐ 删除☐			可查询☐ 可转出☐ 可转入☐ 可理财☐ 票据业务☐ 无权限☐			可查询☐ 可授权☐ 无权限☐	
	新增☐ 删除☐			可查询☐ 可转出☐ 可转入☐ 可理财☐ 票据业务☐ 无权限☐			可查询☐ 可授权☐ 无权限☐	
申请单位 预留印鉴:			开户网点签章 银行印章: 印鉴审核人: 印鉴复核人: 业务经办: 业务主管: 日期: 年 月 日					

业务代理网点操作员: 审核员:

凭1-2-12

中国工商银行企业客户证书领取单

单位名称	
主申请账号	

现授权我单位:共( )人
证件号:
前往贵行领取企业客户证书及相应密码信封,请予受理。
单位预留印鉴:

特别提示:客户证书是我行为客户提供的办理网上银行业务的高级别安全工具,可以进行大额网上资金交易,有效防范风险。建议贵单位安排2人到我行营业网点分别领取客户证书和密码信封。

序 号	客户证书序号	客户证书ID名称
1		
2		
3		
4		
5		
6		

现对上述客户证书和密码签收,请贵行对上述客户证书予以解冻。
领取时间: 年 月 日 时 分
领取人签章:

银行移交人(移交证书介质): 银行移交人(移交密码信封):
印鉴审核人: 印鉴复核人:
银行印章:

业务代理网点客户领取证书回访核实情况: 核实人:
证书解冻时间: 年 月 日 时 分

业务代理网点操作员: 审核员:

凭1-3-1

纳税人税种登记表

纳税人识别号 □□□□□□□□□□□□□□□

纳税人名称：　　　　　　　　　　　法定代表人：

类别	一、增值税		
	货物或加工、修理修配	主营	
		兼营	
	销售服务、无形资产、不动产	本栏目为单选。根据实际经营项目，在下列选项中勾选一项主营项目。 一、销售服务 交通运输服务 ● 陆路运输：公路运输□　缆车运输□　索道运输□　地铁运输□　城市轻轨运输□　铁路运输□　其他陆路运输服务□ ● 水路运输：程租□　期租□ ● 航空运输：航空运输服务□　航空运输湿租业务□　航天运输服务□ ● 管道运输□ 邮政服务 邮政普遍服务□　邮政特殊服务□　其他邮政服务□ 电信服务 基础电信服务□　增值电信服务□ 建筑服务 工程服务□　安装服务□　修缮服务□　装饰服务□　其他建筑服务□ 金融服务 贷款服务□　直接收费金融服务□　保险服务□　金融商品转让□ 现代服务 ● 研发和技术服务：研发服务□　合同能源管理服务□　工程勘察勘探服务□　专业技术服务□ ● 信息技术服务：软件服务□　电路设计及测试服务□　信息系统服务□　业务流程管理服务□　信息系统增值服务□ ● 文化创意服务：设计服务□　知识产权服务□　广告服务□　会议展览服务□ ● 物流辅助服务：航空服务□　港口码头服务□　货运客运场站服务□　打捞救助服务□　仓储服务□　装卸搬运服务□　收派服务□ ● 租赁服务：不动产融资租赁□　不动产经营租赁□　有型动产融资租赁□　有型动产经营租赁□ ● 鉴证咨询服务：认证服务□　鉴证服务□　咨询服务□ ● 广播影视服务：制作服务□　发行服务□　播映服务□ ● 商务辅助服务：企业管理服务□　经纪代理服务□　人力资源服务□　安全保护服务□ ● 其他现代服务□ 生活服务 文化体育服务□　教育医疗服务□　旅游娱乐服务□　餐饮住宿服务□　居民日常服务□　其他生活服务□ 二、销售无形资产 专利及非专利技术□　商标使用权□　著作权□　商誉□　自然资源使用权□　其他权益性无形资产□ 三、销售不动产 建筑物□　构筑物□		

(续表)

经营方式	1. 境内经营货物☐ 2. 境内加工修理☐ 3. 境内交通运输☐ 4. 境内应税服务☐ 5. 自营出口☐ 6. 间接出口☐ 7. 收购出口☐ 8. 加工出口☐
备注：	

二、消费税			
类别	1. 生产 ☐ 2. 委托加工 ☐ 3. 批发 ☐ 4. 零售 ☐	应税消费品名称	1. 烟☐ 2. 酒及酒精☐ 3. 化妆品☐ 4. 贵重首饰及珠宝玉石☐ 5. 鞭炮、烟火☐ 6. 成品油☐ 7. 汽车轮胎☐ 8. 摩托车☐ 9. 小汽车☐ 10. 高尔夫球及球具☐ 11. 高档手表☐ 12. 游艇☐ 13. 木制一次性筷子☐ 14. 实木地板☐ 15. 电池☐ 16. 铅酸蓄电池☐ 17. 涂料☐
经营方式		1. 境内销售☐ 2. 委托加工出口☐ 3. 自营出口☐ 4. 境内委托加工☐	
备注：			

三、企业所得税	
居民企业	征收方式：☐查账征收 ☐核定征收 预缴期限：☐按月预缴 ☐按季预缴 预缴方式：☐据实预缴 ☐按上年度四分之一或十二分之一 　　　　　☐按税务机关认可的其他方式 纳税方式：☐汇总纳税 ☐非汇总纳税
非居民企业法定或申请纳税方式	1. 据实纳税☐ 2. 按收入总额核定应纳税所得额计算纳税☐ 3. 按经费支出换算收入计算纳税☐ 4. 航空、海运企业纳税方式☐ 5. 其他纳税方式☐
备注：	

四、城市维护建设税：1. 市区☐ 2. 县城镇☐ 3. 其他☐
五、教育费附加：
六、地方教育费附加：
七、其他：

以上内容纳税人必须如实填写，如内容发生变化，应及时办理变更登记。
　注：1. 本表系纳税人根据工商登记的生产经营范围及税法的有关规定，对纳税事项的自行核定。
　　　2. 本表一式一份，纳税人填写后，与税务登记表一同交给主管税务机关，由税务机关留存。

凭1-3-2

税种认定申请文件一览表

序号	资料名称	完成情况
1	营业执照副本	☐完成　☐未完成
2	经办人身份证	☐完成　☐未完成
3	其他相关材料	☐完成　☐未完成

凭1-3-3

纳税人领用发票票种核定表

纳税人识别号							
纳税人名称							
领票人		联系电话		身份证件类型		身份证件号码	

发票种类名称	发票票种核定操作类型	单位（数量）	每月最高领票数量	每次最高领票数量	持票最高数量	定额发票累计领票金额	领票方式

纳税人（签章）

经办人：　　　　　　　法定代表人（业主、负责人）：　　　　　填表日期：　年　月　日

发票专用章印模：

凭 1-3-4

增值税一般纳税人资格登记表

纳税人名称			纳税人识别号		
法定代表人（负责人、业主）		证件名称及号码		联系电话	
财务负责人		证件名称及号码		联系电话	
办税人员		证件名称及号码		联系电话	
税务登记日期					
生产经营地址					
注册地址					
纳税人类别：企业□　非企业性单位□　个体工商户□　其他□					
主营业务类别：工业□　商业□　服务业□　其他□					
会计核算健全：是□　否□					
一般纳税人资格生效之日：当月1日□　次月1日□					
纳税人（代理人）承诺： 　　上述各项内容真实、可靠、完整。如有虚假，愿意承担相关法律责任。 　　经办人：　　　　法定代表人：　　　　代理人：　　　（签章） 　　　　　　　　　　　　　　　　　　　　　　　　　　年　月　日					
以下由税务机关填写					
主管税务机关受理情况	受理人：		主管税务机关（章） 　　　　　　　　年　月　日		

【表单说明】
1. 本表由纳税人如实填写。
2. 表中"证件名称及号码"相关栏次，根据纳税人的法定代表人、财务负责人、办税人员的居民身份证、护照等有效身份证件及号码填写。
3. 表中"一般纳税人资格生效之日"由纳税人自行勾选。
4. 主管税务机关（章）指各办税服务厅业务专用章。
5. 本表一式两份，主管税务机关和纳税人各留存一份。

凭1-3-5

纳税人领用发票票种核定表

纳税人识别号							
纳税人名称							
领票人	联系电话		身份证件类型		身份证号码		

发票种类名称	发票票种核定操作类型	单位（数量）	每月最高领票数量	每次最高领票数量	持票最高数量	定额发票累计领票金额	领票方式

纳税人（签章）

经办人：　　　　　　法定代表人（业主、负责人）：　　　　　填表日期：　年　月　日

发票专用章印模：

凭1-3-6

税务行政许可申请表

申请日期：　年　月　日

申请人	申请人名称			
	统一社会信用代码（纳税人识别号）			
	法定代表人（负责人）			
	地址及邮政编码			
	经办人		身份证号码	
	联系电话		联系地址	
	委托代理人		身份证号码	
	联系电话		联系地址	

(续表)

申请事项	□ 企业印制发票审批 □ 对纳税人延期申报的核准 □ 对纳税人延期缴纳税款的核准 □ 对纳税人变更纳税定额的核准 □ 增值税专用发票(增值税税控系统)最高开票限额审批 □ 对采取实际利润额预缴以外的其他企业所得税预缴方式的核定 □ 非居民企业选择由其主要机构场所汇总缴纳企业所得税的审批
申请材料	除提供经办人身份证件(□)外,应根据申请事项提供以下相应材料: 一、企业印制发票审批 □ 1. 税务登记证件 □ 2. 印刷经营许可证或其他印刷品印制许可证 □ 3. 生产设备、生产流程及安全管理制度 □ 4. 生产工艺及产品检验制度 □ 5. 保存、运输及交付相关制度 二、对纳税人延期缴纳税款的核准 □ 1. 延期缴纳税款申请审批表 □ 2. 纳税人申请延期缴纳税款报告(详细说明申请延期原因,人员工资、社会保险费支出情况,连续3个月缴纳税款情况) □ 3. 当期货币资金余额情况及所有银行存款账户的对账单 □ 4. 应付职工工资和社会保险费等省税务机关要求提供的支出预算 □ 5. 资产负债表 □ 6. 因不可抗力,导致纳税人发生较大损失,正常生产经营活动受到较大影响的,应报送因不可抗力的灾情报告或公安机关出具的事故证明 三、对纳税人延期申报的核准 □ 1. 延期申报申请核准表 □ 2. 确有困难不能正常申报的情况说明 四、对纳税人变更纳税定额的核准 □ 申请变更纳税定额的相关证明材料 五、增值税专用发票(增值税税控系统)最高开票限额审批 □ 增值税专用发票最高开票限额申请单 六、对采取实际利润额预缴以外的其他企业所得税预缴方式的核定 □ 按照月度或者季度的实际利润额预缴确有困难的证明材料 七、非居民企业选择由其主要机构场所汇总缴纳企业所得税的审批 □ 1. 汇总缴纳企业所得税的机构、场所对其他机构、场所负有管理责任的证明材料 □ 2. 设有完整的账簿、凭证,能够准确反映各机构、场所的收入、成本、费用和盈亏情况的证明材料 委托代理人提出申请的,还应当提供代理委托书(□)、代理人身份证(□)。

收件人： 收件日期： 年 月 日
编　号：

凭1-3-7

增值税专用发票最高开票限额申请单

申请事项（由纳税人填写）	纳税人名称		纳税人识别号	
	地　址		联系电话	
	购票人信息			
	申请增值税专用发票（增值税税控系统）最高开票限额	□ 初次　□ 变更　（请选择一个项目并在□内打"√"） □ 一亿元　□ 一千万元　□ 一百万元 □ 十万元　□ 一万元　□ 一千元 （请选择一个项目并在□内打"√"）		
	申请货物运输业增值税专用发票（增值税税控系统）最高开票限额	□ 初次　□ 变更　（请选择一个项目并在□内打"√"） □ 一亿元　□ 一千万元　□ 一百万元 □ 十万元　□ 一万元　□ 一千元 （请选择一个项目并在□内打"√"）		
	申请理由： 经办人(签字)：　　　　　　　　　　　纳税人(印章)： 　　年　月　日　　　　　　　　　　　　年　月　日			
区县税务机关意见	发票种类		批准最高开票限额	
	增值税专用发票(增值税税控系统)			
	货物运输业增值税专用发票（增值税税控系统）			
	经办人(签字)：　　　批准人(签字)：　　　税务机关(印章)： 　年　月　日　　　　　年　月　日　　　　　年　月　日			

注：由区县税务机关留存。

附录二　小规模纳税人账务处理相关原始凭证

凭2-1-1

北京市增值税普通发票

发票联　　　　　　　　　　　　　　　　NO.18036852

开票日期：2017年11月01日

购货单位	名　　称：北京大华制衣有限公司 纳税人识别号：91110105485635821D 地址、电话：北京市朝阳区来广营北路888号 开户行及账号：工商银行北京望京支行 　　　　　　　1102024500531245326	密码区	2670-32+<24+<164-448<-13682 568*+546/14321-90+516*57-<4 8/>45<7+05-412*-4-78>8-4-71 47>98>854329?92/769>><16>-2

货物或应税劳务名称	规格型号	单位	数量	单价	金额	税率	税额
刻章费					932.04	3%	27.96
合　计					￥932.04	3%	￥27.96
价税合计（大写）	⊗玖佰陆拾元整				（小写）￥960.00		

| 销货单位 | 名　　称：北京红都刻章有限公司
纳税人识别号：911102901218767057
地址、电话：北京市朝阳区霄云里5号
开户行及账号：建设银行北京霄云路支行
　　　　　　　11010110225762432 | 备注 | |

收款人：　　　　复核：　　　　开票人：何琪　　　　销货单位：（章）

凭2-2-1

ICBC 中国工商银行

收费（回单联）　　　凭证

2017年11月01日
付款人卡号：现金付款

服务项目	数量	手续费	金额小计
开户费	1	50.00	50.00
手续费	1	90.00	90.00
U盾	1	380.00	380.00
电子回单柜费	1	200.00	200.00
人工回单柜费	1	50.00	50.00

金额合计(大写)：人民币柒佰柒拾元整
金额合计(小写)：RMB770.00
新开卡号：1102024500531245326

新开卡户：北京大华制衣有限公司
地区号：0105　　网点号：0168　　操作柜员：005　　授权柜员：1606

凭 2-3-1

公司股东合作协议书(简)

甲方:北京明辉有限责任公司　　乙方:李永强
身份证号码:　　　　　　　　　身份证号码:110105197001012236

甲、乙双方因共同投资设立北京大华制衣有限责任公司(以下简称公司)事宜,特在友好协商基础上,根据《中华人民共和国合同法》《公司法》等相关法律规定,达成如下协议。

一、拟设立的公司名称、住所、法定代表人、注册资本、经营范围及性质
1. 公司名称:北京大华制衣有限公司
2. 住所:北京市朝阳区来广营北路 888 号
3. 法定代表人:刘忠林
4. 注册资本:2 000 万元
5. 经营范围:主要从事服装的设计、生产和销售,具体以工商部门批准经营的项目为准。
6. 性质:公司是依照《公司法》等相关法律规定成立的有限责任公司,甲、乙双方各以其注册时认缴的出资额为限对公司承担责任。

二、股东及其出资入股情况
1. 公司由甲、乙双方股东共同投资设立,总投资额为 2 000 万元,其中:
(1) 甲方以固定资产作为出资(包括办公楼 600 万元、厂房 800 万元),占公司股份的 70%。
(2) 乙方以货币方式出资,出资额人民币 600 万元(陆佰万元),占公司股份的 30%。
　　乙方根据公司采购设备的进度以及正常的流动资金需求情况适时地向公司注入以上出资。
(3) 该注册资本主要用于公司经营使用,股东不得撤回。
2. 任一方股东违反上述约定,均应按本协议第八条第 1 款承担相应的违约责任。

三、公司管理及职能分工
……

九、其他
1. 本协议自甲、乙双方签字画押之日起生效,未尽事宜由双方另行签订补充协议,补充协议与本协议具有同等的法律效力。
2. 本协议约定中涉及甲、乙双方内部权利义务的,若与公司章程不一致,以本协议为准。
3. 因本协议发生争议,双方应尽量协商解决,如协商不成,可将争议提交至公司住所地有管辖权的人民法院诉讼解决。
4. 本协议一式两份,甲、乙双方各执一份,具有同等的法律效力。

甲方(签章):北京明辉有限责任公司　　　　　　乙方(签章):李永强
日期:2017 年 10 月 15 日　　　　　　　　　　日期:2017 年 10 月 15 日

凭 2-3-2

中国工商银行电子银行转账凭证（收款）

2017 年 11 月 01 日

付款人名称	李永强	收款人名称	北京大华制衣有限公司
付款人账号	622355624122436	账　号	1102024500531245326
付款行名称	工商银行北京花园路支行	开户银行	工商银行北京望京支行
人民币	壹佰伍拾万元整		¥1,500,000.00
用途	投资款	业务类型	汇划收报
备注			

已打印001次　　　　　　　银行签章：

凭 2-3-3

资产评估报告（简）

北京明辉有限责任公司：

　　本所受贵公司委托，自 2017 年 10 月 8 日至 14 日对贵公司准备投入北京大华制衣有限公司的位于北京市朝阳区来广营北路 888 号的房屋进行评估。

　　我们本着真实、公正、科学的原则，在核实资产的基础上，采纳专家的意见，运用科学的方法进行评估，现将评估结果报告如下：

　　该办公楼评估前，原值为 6 100 000.00 元，累计折旧为 292 800.00 元，净值为 58 072 000.00 元。评估后，该资产的重估价值为 6 000 000.00 元。

　　该厂房评估前，原值为 8 200 000.00 元，累计折旧为 393 600.00 元，净值为 78 064 000.00 元。评估后，该资产的重估价值为 8 000 000.00 元。

　　特此公正。

　　附件 1 份：评估表

北京昊河评估中心
主任：张鹏飞
会计师：王建
经济师：岳大力
2017 年 10 月 14 日

（评估表略）

凭 2-3-4

固定资产验收单

2017 年 11 月 01 日　　　　　　　　　　　　　　　　　　编号：001

名称	规格型号	来源	数量	购(造)价	使用年限	预计残值
办公楼		投资转入	1	¥6 000 000.00	20 年	¥240 000.00
安装费	月折旧率	建造单位	交工日期	附件		
	0.40%	北京明辉有限责任公司	2017.11.01			
验收部门	行政办公室	验收人员	王梦甜	管理部门	行政办公室	管理人员	王梦甜
备注	可直接投入使用。					

审核：刘涛　　　　　　　　　　　　　　　　　　　　　　　　制单：王晓宁

凭 2-3-5

固定资产验收单

2017 年 11 月 01 日　　　　　　　　　　　　　　　　　　编号：002

名称	规格型号	来源	数量	购(造)价	使用年限	预计残值
厂房		投资转入	1	¥8 000 000.00	20 年	¥320 000.00
安装费	月折旧率	建造单位	交工日期	附件		
	0.40%	北京明辉有限责任公司	2017.11.01			
验收部门	生产部	验收人员	李志刚	管理部门	生产部	管理人员	何强
备注	可直接投入使用。					

审核：刘涛　　　　　　　　　　　　　　　　　　　　　　　　制单：王晓宁

凭 2-4-1

中国工商银行　　　　　　　　　　　　　　**收费凭条**
INDUSTRIA AND COMMERCIAL BANK OF CHINA

2017年11月04日

付款人名称	北京大华制衣有限公司	付款人账号	工商银行望京支行营业部 1102024500531245326								
服务项目（凭证种类）	数量	工本费	手续费	小计							
				万	千	百	十	元	角	分	
现金支票	1	5.00	15.00				2	0	0	0	
人民币（大写）贰拾元整				¥			2	0	0	0	
以下在购买凭证时填写											
领购人姓名		领购人证件类型									
		领购人证件号码									

事后监督：　　　　　　　　　　　　　记账：

凭2-4-2

中国工商银行　　　　　　　　收费凭条
INDUSTRIA AND COMMERCIAL BANK OF CHINA

2017年11月04日

付款人名称	北京大华制衣有限公司	付款人账号	工商银行望京支行营业部 1102024500531245326								
服务项目（凭证种类）	数量	工本费	手续费	小　计							记账联附件
				万	千	百	十	元	角	分	
转账支票	1	5.00	25.00				3	0	0	0	
人民币（大写）叁拾元整				￥			3	0	0	0	

以下在购买凭证时填写

领购人姓名		领购人证件类型	
		领购人证件号码	

事后监督：　　　　　　　　　　记账：

（印章：中国工商银行 北京望京支行 2017.11.04 转讫 (01)）

（财务专用章 预留印鉴：大华制衣 之刘 印涛）

凭2-5-1

中国工商银行 现金支票存根	中国工商银行　现金支票	11947284 22145621
11947284 22145621	出票日期（大写）　　年　月　日　付款行名称：	
附加信息_____	收款人：　　　　　　　　　　　出票人账号：	
出票日期　年　月　日	人民币（大写）｜亿｜千｜百｜十｜万｜千｜百｜十｜元｜角｜分｜	
收款人：	用途：　　　　　　　　密码_____	
金　额：	上列款项请从我账户内支付	
用　途：	出票人签章　　　　　复核　　　　记账	
单位主管　　会计		

付款期限自出票之日起十天

附加信息：		
	收款人人签章　年　月　日	根据《中华人民共和国票据法》等法律、法规的规定，签发空头支票由中国人民银行处以票面金额5%但不低于1 000元的罚款。
	身份证名称：　发证机关：	
	号码	

（粘贴单处）

凭2-6-1

支 出 凭 单
2017 年 11 月 04 日

即付	李琳垫付的刻章费和银行开户相关费用款
	现金付讫
共计人民币(大写)：壹仟柒佰叁拾元整	小写：¥1 730.00

总经理：刘忠林　　　审核：刘涛　　　出纳：李琳　　　领款人：李琳

凭2-7-1

浙江省增值税普通发票
发 票 联

NO. 15094805

开票日期：2017年11月05日

购货单位	名　　称	北京大华制衣有限公司	密码区	6845<7+05412*-4-78>87-4-713 7-</148<-321-90+--4641516*5 34-+32+<24+<1256032187*#>21 69>><147>98>785436>-29?92/7
	纳税人识别号	91110105485635821D		
	地址、电话	北京市朝阳区来广营北路888号		
	开户行及账号	工商银行北京望京支行 1102024500531245326		

货物或应税劳务名称	规格型号	单位	数量	单价	金额	税率	税额
多功能全自动缝纫机	QR-1	1	4	100 000.00	400 000.00	17%	68 000.00
合　计					¥400 000.00	17%	¥68 000.00

价税合计（大写）　⊗肆拾陆万捌仟元整　　　　　（小写）¥468 000.00

销货单位	名　　称	杭州诠图科技有限公司	备注	(发票专用章) 杭州诠图科技有限公司 330103125057236541 发票专用章
	纳税人识别号	330103125057236541		
	地址、电话	浙江省杭州市余杭区迎宾路555号		
	开户行及账号	工商银行杭州余杭支行 1220235313546142356		

收款人：王玲　　　复核：刘浩然　　　开票人：张怡　　　销货单位：(章)

凭 2-7-2

浙江省增值税普通发票
发 票 联

NO. 15043598

开票日期：2017年11月05日

购货单位	名　　称：	北京大华制衣有限公司	密码区	60326845<7+0-4-7134151-90+3 5412*-4-72+<28>877-</1416*5 187*#>218<-32--464-+34+<125 436>-2969>><148>785?92/77>9		
	纳税人识别号：	91110105485635821D				
	地址、电话：	北京市朝阳区来广营北路888号				
	开户行及账号：	工商银行北京望京支行 1102024500531245326				
货物或应税劳务名称	规格型号	单位	数量	单价	金额	税率	税额
运输费			1	6 306.31	6 306.31	11%	693.69
合　　计					¥6 306.31	11%	¥693.69
价税合计（大写）	⊗柒仟元整				（小写）¥7 000.00		
销货单位	名　　称：	杭州润顺物流有限公司	备注	起运地：杭州市 到达地：北京市 车种车号：载货车 浙AM7645 运输货物信息：机械设备		
	纳税人识别号：	330103165412723505				
	地址、电话：	浙江省杭州市石大路货运市场9-4号				
	开户行及账号：	交通银行杭州石大路支行 1220261423135435635				

收款人：刘灵　　复核：马达华　　开票人：张戈　　销货单位：（章）

第二联 发票联 购买方记账凭证

小规模纳税人账务处理相关原始凭证

凭 2-7-3

固定资产验收单

2017 年 11 月 05 日　　　　　　　　　　　　　　　编号：003

名称	规格型号	来源	数量	购(造)价	使用年限	预计残值
多功能全自动缝纫机	QR-1	购入	4	¥475 000.00	10 年	¥19 000.00
安装费	月折旧率	建造单位		交工日期	附件	
	0.80%	杭州诠图科技有限公司		2017.11.05		
验收部门	生产部	验收人员	李志刚	管理部门	生产部	管理人员	何强
备注	本缝纫机已经过调试，可投入使用。					

审核：刘涛　　　　　　　　　　　　　　　　　　　制单：王晓宁

凭 2-7-4

中国工商银行　电汇凭证　（回单）　1

委托日期 2017年11月05日　　　　　　　　　　　第0127号

汇款人	全　称	北京大华制衣有限公司	收款人	全　称	杭州诠图科技有限公司
	账　号	1102024500531245326		账　号	1220235313546142356
	汇出地点	北京市朝阳区		汇入地点	浙江省杭州市
	汇出行名称	工商银行北京望京支行		汇入行名称	工商银行杭州余杭支行

金额	人民币（大写）	肆拾柒万伍仟元整	亿 千 百 十 万 千 百 十 元 角 分
			￥　　　4 7 5 0 0 0 0 0

中国工商银行
北京望京支行
2017.11.05
转讫
(01)

支付密码：
附加信息及用途：

汇出行签章　　　　复核：　　　　记账：

此联汇出行给汇款人的回单

凭 2-8-1

北京市增值税专用发票

发 票 联

NO. 07853465

开票日期：2017年11月05日

购货单位	名　称	北京大华制衣有限公司	密码区	8<-<432+<24+<12568*+5468/>4 45<7+05/148<-321-90+516*57-< --46413684412*-4-78>87-4-71 29?92/769>><147>98>785436>-
	纳税人识别号：	91110105485635821D		
	地址、电话：	北京市朝阳区来广营北路888号		
	开户行及账号：	工商银行北京望京支行 1102024500531245326		

货物或应税劳务名称	规格型号	单位	数量	单价	金　额	税率	税　额
办公桌	B00-4	张	20	250.00	5 000.00	17%	850.00
办公椅	YL-2	把	20	60.00	1 200.00	17%	204.00
柜子	G12-5	个	10	180.00	1 800.00	17%	306.00
合　计					￥8 000.00	17%	￥1 360.00
价税合计（大写）	⊗玖仟叁佰陆拾元整				（小写）￥9 360.00		

销货单位	名　称	北京十里河家具有限公司	备注	
	纳税人识别号：	91110217946238O564		北京十里河家具有限公司 91110217946238O564 发票专用章
	地址、电话：	北京市朝阳区十里河2号		
	开户行及账号：	工商银行北京十里河支行 1101467521438767573		

收款人：　　　复核：　　　开票人：胡莉莉　　　销货单位：（章）

第三联　发票联　购买方记账凭证

小规模纳税人账务处理相关原始凭证

附录二

凭2-8-2

工商银行 转账支票存根		中国工商银行　转账支票	74919027 18290567
74919027 18290567	付款期限自出票之日起十天	出票日期(大写)　年 月 日 收款人：	付款行名称：中国工商银行北京望京支行
附加信息 _____		人民币 (大写) ￥￥￥￥￥￥	出票人账号：1102024500531245326 亿千百十万千百十元角分
出票日期　年 月 日			
收款人：		用途 _____	密码 _____
金　额：		上列款项请从 我账户内支付	行号 _____
用　途：			
单位主管　会计		出票人签章	复核　　　记账

附加信息：

被背书人	被背书人
背书人签章 年　月　日	背书人签章 年　月　日

(粘贴单处)　根据《中华人民共和国票据法》等法律、法规的规定，签发空头支票由中国人民银行处以票面金额5%但不低于1000元的罚款。

凭2-9-1

北京市增值税普通发票
发票联

NO.08913468

开票日期：2017年11月05日

购货单位	名　　称：北京大华制衣有限公司 纳税人识别号：91110105485635821D 地址、电话：北京市朝阳区来广营北路888号 开户行及账号：工商银行北京望京支行 1102024500531245326	密码区	8<-<432+<24+<12568*+5468/>4 5<7+05/148<-321-90+516*57-< --46413684412*-4-78>87-4-71 29?92/769>><147>98>785436>-

货物或应税劳务名称	规格型号	单位	数量	单价	金　额	税率	税　额
文具					314.53	17%	53.47
合　计					¥314.53	17%	¥53.47
价税合计（大写）　⊗叁佰陆拾捌元整				(小写) ¥368.00			

销货单位	名　　称：北京晨光文具有限责任公司 纳税人识别号：91110567400921I901 地址、电话：北京市朝阳区望京街666号 开户行及账号：建设银行北京望京支行 1101010002569831	备注	(北京晨光文具有限责任公司 91110567400921I901 发票专用章)

收款人：王菲　　　复核：刘若琳　　　开票人：张兰　　　销货单位：(章)

103

凭 2-9-2

费 用 报 销 单

2017 年 11 月 05 日　　　　单据及附件共 1 张

姓名	王梦甜	所属部门	行政办公室	报销形式	现金
				支票号码	

报销项目	摘要	金额	备注:
办公费	文具	368.00	
		现金付讫	

人民币(大写):零万零仟叁佰陆拾捌元零角零分　　　原借款:　　元　　应退(补)款:368.00 元

审批:刘忠林　　复核:刘涛　　出纳:李琳　　报销人:王梦甜

凭 2-10-1

北京市增值税普通发票

发 票 联

NO.08724293

开票日期:2017 年 11 月 05 日

购货单位	名称:	北京大华制衣有限公司	密码区	147>98>7854+<12568*+5468/>4 84412*-4-+05/148<-321-90+51 78>87-4-715<7--4646*57-<136 48<-<432+<229?92/769>><36>-
	纳税人识别号:	91110105485635821D		
	地址、电话:	北京市朝阳区来广营北路888号		
	开户行及账号:	工商银行北京望京支行 1102024500531245326		

货物或应税劳务名称	规格型号	单位	数量	单价	金 额	税率	税 额
电脑	IS-7400	台	6	4 273.50	25 641.00	17%	4 359.00
合 计					¥25 641.00	17%	¥4 359.00
价税合计(大写)	⊗叁万元整				(小写)¥30 000.00		

销货单位	名称:	北京联想电脑有限责任公司	备注	
	纳税人识别号:	911012004681135065		北京联想电脑有限责任公司 911012004681135065 发票专用章
	地址、电话:	北京市海淀区中关村大街280号		
	开户行及账号:	交通银行北京中关村支行 11068009641102462286		

收款人:　　复核:　　开票人:赵丹妮　　销货单位:(章)

凭 2-10-2

```
         中国工商银行
         转账支票存根
         74919027
         18290568

  附加信息_____
  _____

  出票日期  2017 年 11 月 05 日
  ┌─────────────────────────┐
  │ 收款人：北京联想电脑有限责任公司 │
  │ 金  额：￥30 000.00       │
  │ 用  途：购买电脑           │
  │ 备  注：                  │
  └─────────────────────────┘
  单位主管:刘涛    会计:王晓宁
```

凭 2-10-3

固定资产验收单

2017 年 11 月 05 日　　　　　　　　　　编号：004

名称	规格型号	来源	数量	购(造)价	使用年限	预计残值
电脑	IS-7400	购入	6	￥30 000.00	5 年	￥1 200.00
安装费	月折旧率	建造单位		交工日期	附件	
	1.60%	北京联想电脑有限责任公司		2017.11.05		
验收部门	行政办公室	验收人员	王梦甜	管理部门	行政办公室	管理人员	王梦甜
备注	两台行政办公室使用，一台人力资源部使用，两台财务部使用，一台仓库使用。					

审核：刘涛　　　　　　　　　　　　　　　　　　　　　　　制单：王晓宁

凭 2-11-1

北京市增值税普通发票

发票联　　　　　　　　　　　　　　　NO. 14742865

开票日期：2017年11月05日

购货单位	名　　称	北京大华制衣有限公司	密码区	854+<12568*147>98>7+5468/>4 523229?92/75/148<-321-90+51 646*57-<13678>87-4-715<7--4 47*2+<69>><36>--4-+048<-<43
	纳税人识别号	91110105485635821D		
	地　址、电话	北京市朝阳区来广营北路888号		
	开户行及账号	工商银行北京望京支行 1102024500531245326		

货物或应税劳务名称	规格型号	单位	数量	单价	金额	税率	税额
打印机	LP-M1136	台	4	1 709.40	6 837.60	17%	1 162.40
合　计					￥6 837.60	17%	￥1 162.40
价税合计（大写）	⊗捌仟元整				（小写）￥8 000.00		

销货单位	名　　称	北京惠普办公设备有限公司	备注	北京惠普办公设备有限公司 911001221156032105 发票专用章
	纳税人识别号	911001221156032105		
	地　址、电话	北京市海淀区中关村大街269号		
	开户行及账号	交通银行北京中关村支行 11068002411900 7563421		

收款人：　　　复核：　　　开票人：赵舒涵　　　销货单位:（章）

凭 2-11-2

```
         中国工商银行
         转账支票存根
         74919027
         18290569

附加信息_____
        _____
        _____

出票日期  2017 年 11 月 05 日

收款人：北京惠普办公设备有限责任公司
金  额：￥8 000.00
用  途：购买打印机
备  注：

单位主管：刘涛　　会计：王晓宁
```

凭 2-11-3

固定资产验收单

2017 年 11 月 05 日　　　　　　　　　　　　　　　编号：005

名称	规格型号	来源	数量	购（造）价	使用年限	预计残值
打印机	LP-M1136	购入	4	￥8 000.00	5 年	￥320.00
安装费	月折旧率	建造单位		交工日期		附件
	1.60%	北京惠普办公设备有限公司		2017.11.05		
验收部门	行政办公室	验收人员	王梦甜	管理部门	行政办公室	管理人员	王梦甜
备注	一台行政办公室使用，一台人力资源部使用，一台财务部使用，一台仓库使用。						

审核：刘涛　　　　　　　　　　　　　　　　　　　　　　　制单：王晓宁

凭 2-12-1

机动车销售统一发票

发 票 联

发票代码　111001222011
发票号码　00979654

开票日期：2017年11月05日

机打代码 机打号码 机器编号	111001222011 00979654	税控码			
购货单位（人）	北京大华制衣有限公司	身份证号码/组织机构代码		91110105485635821D	
车辆类型	轿车	厂牌型号	FV716088NWG	产地	成都市
合格证号	WAB031383010480	进口证明书号		商检单号	
发动机号码	G4EE7B316405	车辆识别代码/车架号码		LFV2A1BS9D4010480	
价税合计	⊗壹拾捌万柒仟贰佰元整			小写　￥187 200.00	
销货单位名称	北京汽车贸易中心有限公司			电话	65676930
纳税人识别号	91110108101109697F			账号	0200003609006562954
地址	北京市朝阳区姚家园路东口甲1号	开户银行		工行八里庄支行	
增值税税率 或征收率	17%	增值税税额	￥27 200.00	主管税务机关及代码	北京市朝阳区国家税务局 11101050000
不含税价	小写　￥160 000.00	吨位	1.440吨	限乘人数	5

销货单位盖章：　　　　　　开票人：王玉芳　　　　　　备注：一车一票

凭 2-12-2

中华人民共和国
税收完税证明

(101) 京国证 01018858

填发日期：2017年11月05日　　税务机关：北京市国家税务局车辆购置税征收管理分局

纳税人识别号	91110105485635821D			纳税人名称	北京大华制衣有限公司	
原凭证号	税种	品目名称	税款所属时间	入（退）库日期	实缴（退）金额	
	车辆购置税	车辆购置税 税率：10.0% 计税金额：￥160 000.00 车架号：LFV2A1BS9D4010480	2017.11.01—2017.11.30		￥16 000.00	
金额合计（大写）	壹万陆仟元整					
税务机关 （盖章）01-12 车辆税征税专用章		填票人 冯灏	备注	银行卡号：1102024500531245326 交易流水号：000729 交易参考号：10255812078964 交易应答描述：00 交易成功		

妥善保管，手写无效

第一联（收据）交纳税人作完税凭证

小规模纳税人账务处理相关原始凭证

凭 2-12-3

中国工商银行
转账支票存根
74919027
18290570

附加信息＿＿＿＿＿＿＿＿＿＿

＿＿＿＿＿＿＿＿＿＿＿＿＿＿

出票日期　2017 年 11 月 05 日

收款人：	北京汽车贸易中心有限责任公司
金　额：	￥187 200.00
用　途：	购买轿车
备　注：	

单位主管：刘涛　　会计：王晓宁

凭2-12-4

中国工商银行电子缴税付款回单

转账日期:2017年11月05日

纳税人全称及纳税人识别号:北京大华制衣有限公司 91110105485635821D
付款人全称:北京大华制衣有限公司
付款人账号:1102024500531245326　　　征收机关名称:北京市朝阳区地方税务局
付款人开户银行:中国工商银行望京支行　　征收国库(银行)名称:国家金库北京市朝阳区支库(代理)
小写(合计)金额:￥16 000.00　　　　　缴款书交易流水号:23651542672
大写(合计)金额:人民币壹万陆仟元整　　　税票号码:01018858

税(费)种名称	所属时期	实缴金额
车辆购置税	2017.11.01—2017.11.30	16 000.00

（中国工商银行 北京望京支行 2017.11.05 转讫 (01)）

第1次打印　　　　　　　　　打印日期:2017年11月05日

凭2-12-5

固定资产验收单

2017年11月05日　　　　　　　　　　　　　　　　　　编号:006

名称	规格型号	来源	数量	购(造)价	使用年限	预计残值
轿车	FV716088NWG	购入	1	￥230 200.00	4年	￥8 128.00
安装费	月折旧率	建造单位		交工日期		附件
	2.00%	北京汽车贸易中心有限公司		2017.11.05		
验收部门	行政办公室	验收人员	刘忠林	管理部门	行政办公室	管理人员	刘忠林
备注						

审核:刘涛　　　　　　　　　　　　　　　　　　　　　　　制单:王晓宁

凭2-13-1

北京市增值税普通发票

发票联　　　　　　　　　　　　NO.05789356

开票日期：2017年11月05日

购货单位	名　　　称：	北京大华制衣有限公司	密码区	8*+5468/>48<-<432+<24+<1256/148<-321-90+--4641516*57-<36845<7+05412*-4-78>87-4-71><147>98>785436>-29?92/769>
	纳税人识别号：	91110105485635821D		
	地址、电话：	北京市朝阳区来广营北路888号		
	开户行及账号：	工商银行北京望京支行 1102024500531245326		

货物或应税劳务名称	规格型号	单位	数量	单价	金额	税率	税额
汽油	95#	升	47.63	6.46	307.69	17%	52.31
合　　计					¥307.69	17%	¥52.31
价税合计（大写）	⊗叁佰陆拾元整				（小写）¥360.00		

销货单位	名　　　称：	中国石化北京来广营分公司经销部	备注	（中国石化北京来广营经销部 911100278564528986 发票专用章）
	纳税人识别号：	911100278564528986		
	地址、电话：	北京市朝阳区来广营西路14号		
	开户行及账号：	工商银行北京望京支行 1102023456860013246		

收款人：李雯雯　　复核：刘鑫　　开票人：张佳琳　　销货单位：(章)

凭2-13-2

费 用 报 销 单

2017年11月05日　　　　　　　　　单据及附件共1张

姓名	王梦甜	所属部门	行政办公室	报销形式	现金
				支票号码	

报销项目	摘要	金额	备注：
交通费	汽油费	360.00	
		现金付讫	

人民币(大写)：零万零仟叁佰陆拾零元零角零分　　　原借款：　元　　应退(补)款：360.00元

审批：刘忠林　　复核：刘涛　　出纳：李琳　　报销人：王梦甜

凭 2-14-1

上海市增值税普通发票
发票联

NO. 58906532

开票日期：2017年11月06日

购货单位	名　　　称	北京大华制衣有限公司	密码区	148<-22-48*+7478/>+<1248<-<
	纳税人识别号	91110105485635821D		6122+<2456*+--457-</4151684
	地址、电话	北京市朝阳区来广营北路888号		58*-4-78>81365<7+0548>>1219
	开户行及账号	工商银行北京望京支行 1102024500531245326		794589/92/279>>->9<14781372

货物或应税劳务名称	规格型号	单位	数量	单价	金　额	税率	税　额
缝纫线		千克	200	64.00	12 800.00	17%	2 176.00
辅料		捆	20	45.00	900.00	17%	153.00
包装盒		个	3 000	2.80	8 400.00	17%	1 428.00
合　计					¥22 100.00	17%	¥3 757.00
价税合计（大写）	⊗贰万伍仟捌佰伍拾柒元整				（小写）¥25 857.00		

销货单位	名　　　称	上海恒利服装辅料有限公司	备注	(上海恒利服装辅料有限公司 911101005695256357 发票专用章)
	纳税人识别号	911101005695256357		
	地址、电话	上海市黄浦东路120号		
	开户行及账号	工商银行上海黄浦支行 213455151009052783		

收款人：佘晓敏　　复核：杨刚　　开票人：佘晓敏　　销货单位：（章）

凭 2-14-2

中国工商银行
转账支票存根
74919027
18290571

附加信息＿＿＿＿＿＿＿＿＿

出票日期　2017 年 11 月 06 日

收款人：	上海恒利服装辅料有限公司
金　额：	¥25 857.00
用　途：	支付购料款
备　注：	

单位主管：刘涛　　会计：王晓宁

凭 2-14-3

收 料 单

供应单位:上海恒利服装辅料有限公司　　　　　　　编　号:001
材料类别:原材料　　　　2017 年 11 月 06 日　　　　仓库名称:材料库

编号	材料名称	规格	计量单位	数量		实际价格				计划价格	
				应收	实收	单价	金额	运杂费	合计	单价	金额
202	缝纫线		千克	200	200						
203	辅料		捆	20	20						

备注:

仓库负责人:李建华　　　　保管员:丁立　　　　采购员(或经办人):林红霞

第二联　财务记账

凭 2-14-4

收 料 单

供应单位:上海恒利服装辅料有限公司　　　　　　　编　号:002
材料类别:周转材料　　　　2017 年 11 月 06 日　　　　仓库名称:材料库

编号	材料名称	规格	计量单位	数量		实际价格				计划价格	
				应收	实收	单价	金额	运杂费	合计	单价	金额
301	包装盒		个	3 000	3 000						

备注:

仓库负责人:李建华　　　　保管员:丁立　　　　采购员(或经办人):林红霞

第二联　财务记账

凭 2-15-1

浙江省增值税普通发票
发票联
NO. 16802571

开票日期：2017年11月06日

购货单位	名　　称：	北京大华制衣有限公司	密码区	34-+32+<24+<1256032187*#>21 90+--4641516*57-</148<-321- *-4-78>87-4-7136845<7+05412 36>-29?92/769>><147>98>7854
	纳税人识别号：	91110105485635821D		
	地址、电话：	北京市朝阳区来广营北路888号		
	开户行及账号：	工商银行北京望京支行 1102024500531245326		

货物或应税劳务名称	规格型号	单位	数量	单价	金额	税率	税额
纽扣			25 000	0.50	12 500.00	17%	2 125.00
合　计					¥12 500.00	17%	¥2 125.00
价税合计（大写）	⊗壹万肆仟陆佰贰拾伍元整				（小写）¥14 625.00		

销货单位	名　　称：	浙江达升纽扣厂	备注	浙江达升纽扣厂 330103125057824215 发票专用章
	纳税人识别号：	330103125057824215		
	地址、电话：	浙江省杭州市下城区凤起路100号		
	开户行及账号：	工商银行杭州之江支行 1224206225788952346		

收款人：李婷　　　复核：刘芳　　　开票人：张雨诺　　　销货单位：（章）

凭 2-15-2

中国交通银行
转账支票存根
74919027
18290572

附加信息＿＿＿＿＿＿＿＿
＿＿＿＿＿＿＿＿＿＿＿＿

出票日期　2017 年 11 月 06 日

收款人：	浙江达升纽扣厂
金　额：	¥14 625.00
用　途：	货款
备　注：	

单位主管：刘涛　　　会计：王晓宁

凭 2-15-3

收 料 单

供应单位：浙江达升纽扣厂 编　号：003
材料类别：原材料
2017年11月06日　　　　　　仓库名称：材料库

编号	材料名称	规格	计量单位	数量		实际价格				计划价格	
				应收	实收	单价	金额	运杂费	合计	单价	金额
201	纽扣		个	25 000	25 000						

备注：

仓库负责人：李建华　　　　保管员：丁立　　　　采购员（或经办人）：林红霞

第二联　财务记账

凭 2-16-1

北京市增值税普通发票

发 票 联

NO. 13578034

开票日期：2017年11月06日

购货单位	名　　称：北京大华制衣有限公司 纳税人识别号：91110105485635821D 地址、电话：北京市朝阳区来广营北路888号 开户行及账号：工商银行北京望京支行 1102024500531245326	密码区	122+<24568*+7478/>+<1248<-< *+--457-</148<-22-458641516 *-4-78>879458136845<7+05412 9/92/279>>->98>><1478131972

货物或应税劳务名称	规格型号	单位	数量	单价	金额	税率	税额
蓝水洗布		米	2 500	26.00	65 000.00	17%	11 050.00
红水洗布		米	2 800	26.00	72 800.00	17%	12 376.00
合　计					¥137 800.00	17%	¥23 426.00
价税合计（大写）	⊗壹拾陆万壹仟贰佰贰拾陆元整				（小写）¥161 226.00		

销货单位	名　　称：北京达通纺织有限公司 纳税人识别号：91110889653347656F 地址、电话：北京市通州区云景东路125号 开户行及账号：工商银行北京云景东路支行 1102035679645852325	备注	（发票专用章）

收款人：刘欣颖　　　复核：王雯　　　开票人：刘欣颖　　　销货单位：（章）

第二联　发票联　购买方记账凭证

附录二

小规模纳税人账务处理相关原始凭证

凭2-16-2

中国工商银行
转账支票存根
74919027
18290573

附加信息_____
_____

出票日期　2017 年 11 月 06 日

| 收款人：北京达通纺织有限公司 |
| 金　　额：¥161 226.00 |
| 用　　途：支付购料款 |
| 备　　注： |
| 单位主管：刘涛　　会计：王晓宁 |

凭2-16-3

收 料 单

供应单位：北京达通纺织有限公司　　　　　　　　　　编　号：004
材料类别：原材料　　　　2017 年 11 月 06 日　　　　仓库名称：材料库

编号	材料名称	规格	计量单位	数量		实际价格				计划价格	
				应收	实收	单价	金额	运杂费	合计	单价	金额
101	蓝水洗布		米	2 500	2 500						
102	红水洗布		米	2 800	2 800						

备注：

仓库负责人：李建华　　　　保管员：丁立　　　　采购员（或经办人）：林红霞

凭2-17-1

国家知识产权局商标收费收据
2017年11月07日

缴款单位	北京大华制衣有限公司
项目	商标权注册费用
金额	人民币肆万捌仟元整（￥48 000.00）
付款方式	□现金　☑支票　□邮局　□银行
备注	1. 申请号　IS685766 2. 交费日期　2017年11月07日

收款人：王玲丽　　　　　　盖章：

（盖章：国家知识产权局北京市商标局 财务收费专用章）

凭2-17-2

中国工商银行
转账支票存根
74919027
18290574

附加信息_____

出票日期　2017年11月07日

收款人：	国家知识产权局北京市商标局
金　额：	￥48 000.00
用　途：	支付商标权注册费
备　注：	

单位主管：刘涛　　会计：王晓宁

小规模纳税人账务处理相关原始凭证

凭 2-18-1

北京市增值税普通发票

发票联　　　　　　　　　　　　　　　NO.06890109
　　　　　　　　　　　　　　　　　开票日期：2017年11月08日

购货单位	名　称：	北京大华制衣有限公司	密码区	48<-22-458642+<245+<1248<-< 68*++7478/>*+-112-457-</1516 ><147813*-4-78136845<705412 8>879459/92/+279>>->98>1972
	纳税人识别号：	91110105485635821D		
	地址、电话：	北京市朝阳区来广营北路888号		
	开户行及账号：	工商银行北京望京支行 1102024500531245326		

货物或应税劳务名称	规格型号	单位	数量	单价	金额	税率	税额
餐费					641.51	6%	38.49
合　计					¥641.51	6%	¥38.49

价税合计（大写）：⊗陆佰捌拾元整　　　　　　　（小写）¥680.00

销货单位	名　称：	北京眉州酒楼有限公司	备注	（北京眉州酒楼有限公司 911102156904583501 发票专用章）
	纳税人识别号：	911102156904583501		
	地址、电话：	北京市朝阳区望京北路56号		
	开户行及账号：	招商银行北京望京支行 6232620015838246		

收款人：　　　　复核：　　　　开票人：吴佳佳　　　　销货单位：（章）

凭 2-18-2

费用报销单

2017 年 11 月 08 日　　　　　　　单据及附件共 1 张

姓名	王梦甜	所属部门	行政办公室	报销形式	现金	备注：
				支票号码		
报销项目		摘要		金额		
业务招待费		餐费		680.00		
				现金付讫		

人民币(大写)：零万零仟陆佰捌拾零元零角零分　　　原借款：　　元　　应退(补)款：680.00元

审批：刘忠林　　　复核：刘涛　　　出纳：李琳　　　报销人：王梦甜

凭 2-19-1

北京市增值税普通发票

NO.16890352
开票日期：2017年11月19日

购货单位	名　　称	北京星海服饰有限公司	密码区	8320*-4-78>879448<-<9/92/21 5687-/*+--457-</148641516+4 660<-22-45858168*+778/>+<12 79>>->98>><147813-*1972/367		
	纳税人识别号	91110101657810226E			
	地址、电话	北京市海淀区颐和园西门路65号			
	开户行及账号	交通银行北京海淀支行 11000204905369422647			
货物或应税劳务名称	规格型号	单位	数量	单价	金额	税率	税额
男式衬衫		件	300	213.59	64 077.67	3%	1 922.33
女式衬衫		件	400	194.17	77 669.90	3%	2 330.10
合　　计					¥141 747.57	3%	¥4 252.43
价税合计（大写）	⊗壹拾肆万陆仟元整				（小写）¥146 000.00		
销货单位	名　　称	北京大华制衣有限公司	备注			
	纳税人识别号	91110105485635821D			
	地址、电话	北京市朝阳区来广营北路888号			
	开户行及账号	工商银行北京望京支行 1102024500531245326			

收款人：　　　复核：　　　开票人：王晓宁　　　销货单位：（章）

凭 2-19-2

中国工商银行　电汇凭证（收账通知或取款收据）

第　号　　　4
委托日期 2017年11月19日　　应解汇款编号

汇款人	全　称	北京星海服饰有限公司	收款人	全　称	北京大华制衣有限公司
	账　号	11000204905369422647		账　号	1102024500531245326
	汇出地点	北京市海淀区		汇入地点	北京市朝阳区
	汇出行名称	交通银行北京海淀支行		汇入行名称	工商银行北京望京支行
金额	人民币（大写）	陆万陆仟元整		亿千百十万千百十元角分	¥ 6 6 0 0 0 0 0
汇款用途：货款　如需加急，请在括号内注明（　）				支付密码	
				附加信息及用途：	
汇出行签章（中国工商银行 北京望京支行 2017.11.19 转讫 01）				复核：　记账：	

凭 2-19-3

出 库 单

发货仓库：成品库
提货单位：北京星海服饰有限公司　　2017 年 11 月 19 日　　　　　　　　　　编号：001

编号	名称	规格	单位	应发数量	实发数量	单位成本	金额
201	男式衬衫		件	300	300		
202	女式衬衫		件	400	400		
	合　计						

负责人：　　　　　　　　经发：　　　　　　　　保管：丁立　　　　　　　　制单：丁立

凭 2-20-1

北京市增值税普通发票

发 票 联

NO. 13578041

开票日期：2017年11月26日

购货单位	名　　称：北京大华制衣有限公司 纳税人识别号：91110105485635821D 地址、电话：北京市朝阳区来广营北路888号 开户行及账号：工商银行北京望京支行 1102024500531245326	密码区	122+<24568*+7478/>+<1248<-< *+--457-</148<-22-458641516 *-4-78>879458136845<7+05412 9/92/279>>->98><1478131972

货物或应税劳务名称	规格型号	单位	数量	单价	金额	税率	税额
蓝水洗布		米	1 200	26.00	31 200.00	17%	5 304.00
红水洗布		米	1 400	26.00	36 400.00	17%	6 188.00
合　计					¥67 600.00	17%	¥11 492.00
价税合计（大写）	⊗柒万玖仟零玖拾贰元整				（小写）¥79 092.00		

销货单位	名　　称：北京达通纺织有限公司 纳税人识别号：91110889653347656F 地址、电话：北京市通州区云景东路125号 开户行及账号：工商银行北京云景东路支行 1102035679645852325	备注	北京达通纺织有限公司 91110889653347656F 发票专用章

收款人：刘欣颖　　　　复核：王雯　　　　开票人：刘欣颖　　　　销货单位：(章)

凭 2-21-1

北京市增值税普通发票

NO. 16890353
开票日期：2017年11月27日

购货单位	名　　称：	河北泰达服饰有限公司	密码区	8320*-4-78>879448<-<9/92/21 5687-/*+--457-</148641516+4 660<-22-45858168*+778/>+<12 79>>->98>><147813-*1972/367		
	纳税人识别号：	320458974664521789				
	地址、电话	保定市盛兴西路302号8467458				
	开户行及账号	建设银行保定盛兴支行 320154631278965				

货物或应税劳务名称	规格型号	单位	数量	单价	金额	税率	税额
男式衬衫		件	400	213.59	85 436.89	3%	2 563.11
女式衬衫		件	500	194.17	97 087.38	3%	2 912.62
合　计					￥182 524.27	3%	￥5 475.73
价税合计（大写）	⊗壹拾捌万捌仟元整				（小写）￥188 000.00		

销货单位	名　　称：	北京大华制衣有限公司	备注	
	纳税人识别号：	91110105485635821D		
	地址、电话	北京市朝阳区来广营北路888号		
	开户行及账号	工商银行北京望京支行 1102024500531245326		

收款人：　　　　复核：　　　　开票人：王晓宁　　　　销货单位：（章）

凭 2-21-2

委托收款 凭证（回单）

第　号
委托号码 1
委托日期　2017 年 11 月 27 日

付款人	全　称	河北泰达服饰有限公司	收款人	全　称	北京大华制衣有限公司	
	账号或地址	320154631278965		账号	1020024500531245326	
	开户银行	建设银行保定盛兴支行		开户银行	工商银行北京望京支行	行号 67238

委收金额（大写）	壹拾捌万捌仟元整	千百十万千百十元角分 ￥1 8 8 0 0 0 0 0

款项内容	货款	委托收款凭据名称		附寄单证张数	

备注：

　　　　　　　　　　　款项收妥日期　年　月　日　　收款人开户银行盖章　月　日

中国工商银行北京望京支行
2017年11月27日
业务专用章

单位主管　　　　　会计　　　　　复核　　　　　记账

凭 2-21-3

出 库 单

发货仓库：成品库

提货单位：河北泰达服饰有限公司　　2017 年 11 月 27 日　　　　　　　编号：002

编号	名称	规格	单位	应发数量	实发数量	单位成本	金 额
201	男式衬衫		件	400	400		
202	女式衬衫		件	500	500		
	全　　计						

负责人：　　　　　　经发：　　　　　　保管：丁立　　　　　　制单：丁立

第二联　财务记账

凭 2-22-1

发出材料加权平均单位成本计算表

2017 年 11 月 30 日

名称及型号	本月期初		本月购入		加权平均单价
	数量	金额	数量	金额	
蓝水洗布					
红水洗布					
纽扣					
缝纫线					
辅料					

审核：刘涛　　　　　　　　　　　　　　制表：王晓宁

凭 2-22-2

材料分配汇总表
2017 年 11 月 30 日

产品名称	蓝水洗布			红水洗布			纽扣			缝纫线			辅料			合计
	数量	单价	金额	数量	单价	金额	数量	单价	金额	数量	单价	金额	数量	单价	金额	
男式衬衫	2 200															
女式衬衫				2 400												
车间共同耗用							17 000			150			15			
合计																

会计主管：　　　　审核：　　　　记账：　　　　制单：

凭 2-22-3

周转材料分配汇总表
2017 年 11 月 30 日

产品名称	包装盒		
	数量	单价	金额
男式衬衫	1 300		
女式衬衫	1 500		
合计			

会计主管：　　　　审核：　　　　记账：　　　　制单：

凭 2-23-1

无形资产摊销计算表
2017 年 11 月 30 日

应借科目 ＼ 项目	无形资产		
	计提依据	摊销期限	本月摊销
管理费用	48 000.00	10 年	

会计主管：刘涛　　　　审核：刘涛　　　　记账：　　　　制表：王晓宁

凭 2-24-1

北京大华制衣有限公司工资表

2017 年 11 月

编号	部门	姓名	基本工资	岗位津贴	奖金	餐补	交通补助	应发合计	代扣款项 养老保险(8%)	医疗保险(2%+3)	失业保险(0.2%)	住房公积金(12%)	个人所得税	实发工资
1	行政办公室	刘忠林	8 000.00	500.00	2 000.00	400.00	300.00	11 200.00	896.00	227.00	22.40	1 344.00	487.12	8 223.48
2	行政办公室	王梦甜	5 000.00	500.00	1 000.00	400.00	300.00	7 200.00	576.00	147.00	14.40	864.00	104.86	5 493.74
3	人力资源部	蒋大为	7 000.00	500.00	1 500.00	400.00	300.00	9 700.00	776.00	197.00	19.40	1 164.00	299.36	7 244.24
4	财务部	刘 涛	7 000.00	500.00	1 500.00	400.00	300.00	9 700.00	776.00	197.00	19.40	1 164.00	299.36	7 244.24
5	财务部	王晓宁	6 000.00	500.00	1 000.00	400.00	300.00	8 200.00	656.00	167.00	16.40	984.00	182.66	6 193.94
6	财务部	李 琳	5 000.00	500.00	1 000.00	400.00	300.00	7 200.00	576.00	147.00	14.40	864.00	104.86	5 493.74
7	采购部	王达浩	6 000.00	500.00	1 500.00	400.00	500.00	8 900.00	712.00	181.00	17.80	1 068.00	237.12	6 684.08
8	采购部	林红霞	5 000.00	500.00	1 000.00	400.00	500.00	7 400.00	592.00	151.00	14.80	888.00	120.42	5 633.78
9	销售部	胡大海	6 000.00	500.00	1 500.00	400.00	600.00	9 000.00	720.00	183.00	18.00	1 080.00	244.90	6 754.10
10	销售部	毕晶晶	5 000.00	500.00	1 000.00	400.00	600.00	7 500.00	600.00	153.00	15.00	900.00	128.20	5 703.80
11	生产车间	李志刚	6 000.00	500.00	1 500.00	400.00	300.00	8 700.00	696.00	177.00	17.40	1 044.00	221.56	6 544.04
12	生产车间	何 强	5 000.00	500.00	1 000.00	400.00	300.00	7 200.00	576.00	147.00	14.40	864.00	104.86	5 493.74
13	生产车间	孟 欣	4 500.00	500.00	1 000.00	400.00	300.00	6 700.00	536.00	137.00	13.40	804.00	65.96	5 143.64
14	生产车间	万晓菲	4 500.00	500.00	1 000.00	400.00	300.00	6 700.00	536.00	137.00	13.40	804.00	65.96	5 143.64
15	生产车间	吴 丹	4 500.00	500.00	1 000.00	400.00	300.00	6 700.00	536.00	137.00	13.40	804.00	65.96	5 143.64
16	生产车间	张建军	4 000.00	500.00	1 000.00	400.00	300.00	6 200.00	496.00	127.00	12.40	744.00	39.62	4 780.98
17	生产车间	刘晓红	4 000.00	500.00	1 000.00	400.00	300.00	6 200.00	496.00	127.00	12.40	744.00	39.62	4 780.98
18	生产车间	吴海军	4 000.00	500.00	1 000.00	400.00	300.00	6 200.00	496.00	127.00	12.40	744.00	39.62	4 780.98
19	仓储部	李建华	5 000.00	500.00	1 500.00	400.00	300.00	7 700.00	616.00	157.00	15.40	924.00	143.76	5 843.84
20	仓储部	丁 立	4 000.00	500.00	1 000.00	400.00	300.00	6 200.00	496.00	127.00	12.40	744.00	39.62	4 780.98
	合 计		105 500.00	10 000.00	24 000.00	8 000.00	7 000.00	154 500.00	12 360.00	3 150.00	309.00	18 540.00	3 035.40	117 105.60

总经理:刘忠林　　财务主管:刘涛　　审核:刘忠林　　制表:王晓宁

凭 2-24-2

北京大华制衣有限公司工资结算汇总表

2017 年 11 月

编号	部门	基本工资	岗位津贴	奖金	餐补	交通补助	应发合计	代扣款项					实发工资
								养老保险(8%)	医疗保险(2%+3)	失业保险(0.2%)	住房公积金(12%)	个人所得税	
1	行政办公室	13 000.00	1 000.00	3 000.00	800.00	600.00	18 400.00	1 472.00	374.00	36.80	2 208.00	591.98	13 717.22
2	人力资源部	7 000.00	500.00	1 500.00	400.00	300.00	9 700.00	776.00	197.00	19.40	1 164.00	299.36	7 244.24
3	财务部	18 000.00	1 500.00	3 500.00	1 200.00	900.00	25 100.00	2 008.00	511.00	50.20	3 012.00	586.88	18 931.92
4	采购部	11 000.00	1 000.00	2 500.00	800.00	1 000.00	16 300.00	1 304.00	332.00	32.60	1 956.00	357.54	12 317.86
5	销售部	11 000.00	1 000.00	2 500.00	800.00	1 200.00	16 500.00	1 320.00	336.00	33.00	1 980.00	373.10	12 457.90
6	车间管理人员	6 000.00	500.00	1 500.00	400.00	300.00	8 700.00	696.00	177.00	17.40	1 044.00	221.56	6 544.04
7	车间生产人员	30 500.00	3 500.00	7 000.00	2 800.00	2 100.00	45 900.00	3 672.00	939.00	91.80	5 508.00	421.60	35 267.60
8	仓储部	9 000.00	1 000.00	2 500.00	800.00	600.00	13 900.00	1 112.00	284.00	27.80	1 668.00	183.38	10 624.82
	合计	105 500.00	10 000.00	24 000.00	8 000.00	7 000.00	154 500.00	12 360.00	3 150.00	309.00	18 540.00	3 035.40	117 105.60

总经理：刘忠林　　财务主管：刘涛　　审核：刘忠林　　制表：王晓宁

凭 2-24-3

工资费用分配表

2017 年 11 月 30 日

应借科目		项目	共同耗用分配		
			分配标准（产品生产工时）	分配率	金额
生产成本	男式衬衫	直接人工	1 520 小时		
	女式衬衫	直接人工	1 680 小时		
	小 计		3 200 小时		
制造费用			—	—	
销售费用			—	—	
管理费用			—	—	
合 计			—	—	

审核：刘涛　　　　　　　　　　　　　　　　　　　　　　　　　　制单：王晓宁

凭 2-25-1

五险一金分配表

2017 年 11 月 30 日

应借科目		项目	社保基数	养老保险（19%）	医疗保险（10%）	失业保险（0.8%）	工伤保险（1%）	生育保险（0.8%）	住房公积金（12%）	合计
生产成本	男式衬衫	直接人工								
	女式衬衫	直接人工								
制造费用										
销售费用										
管理费用										
合 计										

审核：刘涛　　　　　　　　　　　　　　　　　　　　　　　　　　制单：王晓宁

凭 2-25-2

工会经费及职工教育经费分配表
2017 年 11 月 30 日

应借科目		项目	应发合计	工会经费（2%）	职工教育经费（1.5%）	合计
生产成本	男式衬衫	直接人工				
	女式衬衫	直接人工				
	制造费用					
	销售费用					
	管理费用					
	合计					

审核：刘涛　　　　　　　　　　　　　　　　　　　　　　制单：王晓宁

凭 2-26-1

制造费用分配表
2017 年 11 月 30 日

分配对象 \ 项目	生产工时（实际）	分配率	应分配金额
男式衬衫	1 520		
女式衬衫	1 680		
合　计	3 200		

审核：刘涛　　　　　　　　　　　　　　　　　　　　　　制单：王晓宁

凭 2-27-1

产品成本计算单
2017 年 11 月 30 日

车间名称：　　　　　　　　　　　　　　　　　　　　完工产量：900 套
成品名称：男式衬衫　　　　　　　　　　　　　　　　在产品数量：400 套
　　　　　　　　　　　　　　　　　　　　　　　　　单位：元

项目	直接材料	直接人工	制造费用	合　计
期初在产品费用				
本期投入生产费用				
合　计				
完工产品成本				
月末在产品成本				

凭 2-27-2

产品成本计算单

2017 年 11 月 30 日

车间名称：
成品名称：女式衬衫

完工产量：1 100 套
在产品数量：400 套
单位：元

项　目	直接材料	直接人工	制造费用	合　计
期初在产品费用				
本期投入生产费用				
合　计				
完工产品成本				
月末在产品成本				

凭 2-27-3

产成品入库单

仓库：成品库

交库单位：生产车间　　2017 年 11 月 30 日　　编号：001

编号	名称	规格	计量单位	单位		单位成本	总成本	备注
				送检	实收			
CP-001	男式衬衫		件	900	900			
CP-002	女式衬衫		件	1 100	1 100			

仓库负责人：李建华　　保管员：丁立　　记账：王晓宁　　填单：丁立

第二联　记账联

凭 2-28-1

产品销售清单

2017 年 11 月 30 日

产品编号	品　牌	型　号	数　量	单　价	金　额
CP-001	男式衬衫				
CP-002	女式衬衫				
合　计	—	—	—		

审核：刘涛　　　　　　　　　　　　　　　　　　制单：王晓宁

凭 2-28-2

库存商品加权平均单位成本计算表
2017 年 11 月 30 日

名称及型号	本月期初		本月入库		加权平均单位成本
	数量	金额	数量	金额	
男式衬衫					
女式衬衫					

审核:刘涛　　　　　　　　　　　　　　　　　　　　　　　　　　制表:王晓宁

凭 2-28-3

商品销售成本计算表
2017 年 11 月 30 日

商品型号	销售数量	单位成本	金　额
男式衬衫			
女式衬衫			
合　计			

审核:刘涛　　　　　　　　　　　　　　　　　　　　　　　　　　制单:王晓宁

凭 2-29-1

税金及附加计算表
2017 年 11 月 30 日

项　目	计提基数			比例	计提金额
	应交增值税	消费税	合计		
城市维护建设税				7%	
教育费附加				3%	
地方教育费附加				2%	
合　计					

审核:刘涛　　　　　　　　　　　　　　　　　　　　　　　　　　制表:王晓宁

凭 2-30-1

损益类(收入)账户结转计算表

账户名称	结转前贷方余额	转入本年利润金额
主营业务收入——男式衬衫		
主营业务收入——女式衬衫		
其他业务收入		
公允价值变动损益		
投资收益		
营业外收入		

审核:刘涛　　　　　　　　　　　　　　　　　　　　　　　　　制表:王晓宁

凭 2-31-1

损益类(费用)账户结转计算表

账户名称	结转前借方余额	转入本年利润金额
主营业务成本——男式衬衫		
主营业务成本——女式衬衫		
其他业务成本		
税金及附加		
销售费用		
管理费用		
财务费用		
资产减值损失		
营业外支出		

审核:刘涛　　　　　　　　　　　　　　　　　　　　　　　　　制表:王晓宁

凭 2-32-1

资产负债表

会企 01

编制单位：　　　　　　　　　　年　月　日　　　　　　　　　　单位：元

资产	年初余额	期末余额	负债和所有者权益（或股东权益）	年初余额	期末余额
流动资产：			流动负债：		
货币资金			短期借款		
以公允价值计量且其变动计入当期损益的金融资产			以公允价值计量且其变动计入当期损益的金融负债		
应收票据			应付票据		
应收账款			应付账款		
预付款项			预收款项		
应收利息			应付职工薪酬		
应收股利			应交税费		
其他应收款			应付利息		
存货			应付股利		
持有待售资产			其他应付款		
一年内到期的非流动资产			持有待售负债		
其他流动资产			一年内到期的非流动负债		
流动资产合计			其他流动负债		
非流动资产：			流动负债合计		
持有至到期投资			长期借款		
长期应收款			应付债券		
长期股权投资			长期应付款		
投资性房地产			专项应付款		
固定资产			预计负债		
在建工程			递延所得税负债		
工程物资			其他非流动负债		
固定资产清理			非流动负债合计		
生产性生物资产			负债合计		
油气资产					
无形资产			所有者权益(或股东权益)：		
开发支出			实收资本(或股本)		
商誉			资本公积		
长期待摊费用			减：库存股		
递延所得税资产			盈余公积		
其他非流动资产			未分配利润		
非流动资产合计			所有者权益(或股东权益)合计		
资产总计			负债和所有者权益(或股东权益)总计		

凭 2-33-1

利　润　表

会企 02

编制单位：　　　　　　　　　　年　月　　　　　　　　　　单位：元

项　　目	本月数	本年数
一、营业收入		
减：营业成本		
税金及附加		
销售费用		
管理费用		
财务费用		
资产减值损失		
加：公允价值变动收益（损失以"－"号填列）		
投资收益（损失以"－"号填列）		
其中：对联营企业和合营企业的投资收益		
资产处置收益（损失以"－"号填列）		
其他收益		
二、营业利润（亏损以"－"号填列）		
加：营业外收入		
减：营业外支出		
其中：非流动资产处置损失		
三、利润总额（亏损总额以"－"号填列）		
减：所得税费用		
四、净利润（净亏损以"－"号填列）		
（一）持续经营净利润（净亏损以"－"号填列）		
（二）终止经营净利润（净亏损以"－"号填列）		
五、每股收益		
（一）基本每股收益		
（二）稀释每股收益		
六、其他综合收益		
七、综合收益总额		

凭2-34-1

增值税纳税申报表
(小规模纳税人适用)

纳税人识别号：□□□□□□□□□□□□□□□□

纳税人名称（公章）：

税款所属期：　年　月　日至　年　月　日

填表日期：　年　月　日

单位金额：元至角分

项　目	栏次	本期数			本年累计		
		货物及劳务	服务、不动产和无形资产		货物及劳务	服务、不动产和无形资产	
一、计税依据	（一）应征增值税不含税销售额（3%征收率）	1					
	税务机关代开的增值税专用发票不含税销售额	2					
	税控器具开具的普通发票不含税销售额	3					
	（二）应征增值税不含税销售额（5%征收率）	4			—		—
	税务机关代开的增值税专用发票不含税销售额	5			—		—
	税控器具开具的普通发票不含税销售额	6			—		—
	（三）销售使用过的应税固定资产不含税销售额	7(7≥8)					
	其中：税控器具开具的普通发票不含税销售额	8					
	（三）免税销售额	9=(10+11+12)					
	其中：小微企业免税销售额	10					
	未达起征点销售额	11					

(续表)

	项目	栏次	本期数		本年累计	
			货物及劳务	服务、不动产和无形资产	货物及劳务	服务、不动产和无形资产
一、计税依据	其他免税销售额	12				
	(四)出口免税销售额	13(13≥14)				
	其中:税控器具开具的普通发票销售额	14				
	项目	栏次	货物及劳务	服务、不动产和无形资产	货物及劳务	服务、不动产和无形资产
二、税款计算	本期应纳税额	15				
	本期应纳税额减征额	16				
	本期免税额	17				
	其中:小微企业免税额	18				
	未达起征点免税额	19				
	应纳税额合计	20=15-16				
	本期预缴税额	21			—	—
	本期应补(退)税额	22=20-21			—	—

凭 2-35-1

城建税、教育费附加、地方教育附加税(费)申报表

税款所属期限：自 年 月 日 至 年 月 日　　填表日期： 年 月 日　　金额单位：元至角分

纳税人识别号：□□□□□□□□□□□□□□□

纳税人信息	名　称					所属行业		□单位 □个人	
	登记注册类型					联系方式			
	身份证号码								

税(费)种	计税(费)依据				税率(征收率)	本期应纳税(费)额	本期减免税(费)额		本期已缴税(费)额	本期应补(退)税(费)额
	增值税		消费税	营业税	合计			减免性质代码	减免额		
	一般增值税	免抵税额									
	1	2	3	4	5=1+2+3+4	6	7=5×6	8	9	10	11=7-9-10
城建税											
教育费附加											
地方教育附加											
合计					—	—					

以下由纳税人填写：

纳税人声明	此纳税申报表是根据中华人民共和国城市维护建设税暂行条例《国务院征收教育费附加的暂行规定》《财政部关于统一地方教育附加政策有关问题的通知》和国家有关税收规定填报的，是真实的、可靠的、完整的。		
纳税人签章		代理人签章	代理人身份证号码

以下由税务机关填写：

受理人		受理日期	年 月 日	受理税务机关签章

本表一式两份，一份纳税人留存，一份税务机关留存。
减免性质代码：减免性质代码按照国家税务总局制定下发的最新《减免性质及分类表》中的最细项减免性质代码填报。

凭2-36-1

扣缴个人所得税报告表

税款所属期： 年 月 日 至 年 月 日

扣缴义务人名称：
扣缴义务人编码：□□□□□□□□□□
扣缴义务人所属行业：□一般行业 □特定行业月份申报

金额单位：人民币元（列至角分）

序号	姓名	身份证件类型	身份证件号码	所得项目	所得期间	收入额	免税所得	税前扣除项目						减除费用	准予扣除的捐赠额	应纳税所得额	税率 %	速算扣除数	应纳税额	减免税额	应扣缴税额	已扣缴税额	应补（退）税额	备注
								基本养老保险费	基本医疗保险费	失业保险费	住房公积金	财产原值	允许扣除的税费	其他	合计										
1	2	3	4	5	6	7	8	9	10	11	12	13	14	15	16	17	18	19	20	21	22	23	24	25	26	27
合计																										

谨声明：此扣缴报告表是根据《中华人民共和国个人所得税法》及其实施条例和国家有关税收法律、法规规定填写的，是真实的、完整的、可靠的。

法定代表人（负责人）签字：

代理机构（人）签章：	扣缴义务人公章：	主管税务机关受理专用章：
经办人：	经办人：	受理人：
经办人执业证件号码：		
代理申报日期： 年 月 日	填表日期： 年 月 日	受理日期： 年 月 日

国家税务总局监制

附录三 一般纳税人账务处理相关原始凭证

凭3-1-1

交通银行 业务收费凭证   收费（回单联）

2017 年 12 月 01 日
付款人卡号:现金付款

服务项目	数量	手续费	金额小计
开户费	1	200.00	200.00
UEKY	1	70.00	70.00
回单柜费	1	50.00	50.00

金额合计(大写):人民币叁佰贰拾元整
金额合计(小写):RMB 320.00

新开卡号:110002049052486253265
新开卡户:北京大华制衣有限公司

地区号:0105　　　　网点号:0128　　　　操作柜员:002　　　　授权柜员:1236

凭3-2-1

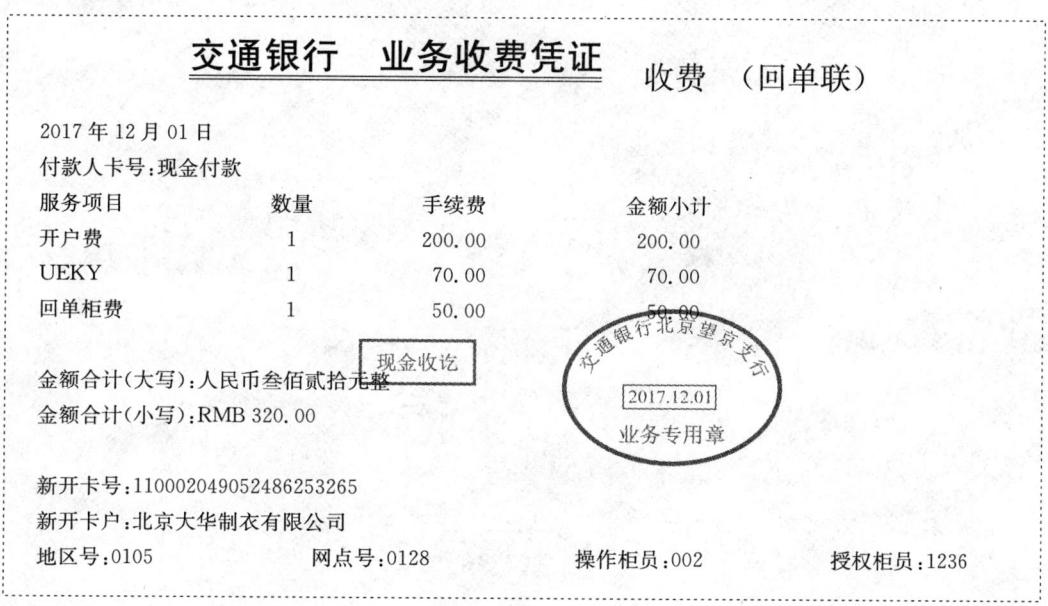

借款借据（入账通知）

单位编号：1256		立据 2017 年 12 月 01 日			No 3026
借款单位	北京大华制衣有限公司		借据编号	13120130123456	
借款种类	专门借款	借款用途	流动资金周转借款	利率	8.4%
贷款账号	本币	6002024500531245326	存款账号	本币	1102024500531245326
	外币			外币	
币种及金额（大写）	人民币（大写）贰拾万元整			千百十万千百十元角分 2 0 0 0 0 0 0	
借款合同编号	AW2458	借款期限	自2017年12月01日起至2018年11月30日止		
上述贷款已核准发放，并已划入你单位账户。 中国工商银行　　　　批准人				（银行转账盖章） 2017年12月01日	

凭 3-2-2

借款合同(简)

经中国工商银行北京望京支行(以下简称贷款方)与北京大华制衣有限责任公司(以下简称借款方)充分协商,签订本合同,共同遵守。

第一条 由贷款方向借款方提供贷款20万元,贷款期限自2017年12月01日至2018年11月30日止。

第二条 贷款方应按期、按额向借款方提供贷款,否则,按违约数额和延期天数,付给借款方违约金。违约金数额的计算与逾期贷款罚息同,即为0.25‰。

第三条 贷款年利率为4.35%,期限为1年,如遇调整,按调整的新利率和计息办法执行。

第四条 借款方应按协议使用贷款,不得转移用途。否则,贷款方有权停止发放新贷款,直至收回已发放的贷款。

第五条 借款方保证按借款契约所订期限归还贷款本息。如需延期,借款方至迟在贷款到期前3天,提出延期申请,经贷款方同意,办理延期手续。但延期最长不得超过原订期限的一半。贷款方未同意延期或未办理延期手续的逾期贷款,加收罚息。

第六条 贷款到期后1个月,如借款方不归还贷款,贷款方有权依照法律程序处理借款方作为贷款抵押的财产,抵还借款本息。

第七条 本协议书一式两份,借贷款双方各执正本1份。

第八条 本协议自双方签字起即生效。

贷款方:中国工商银行北京望京支行  借款方:北京大华制衣有限责任公司
法定代表人:吴鹏飞   法定代表人:刘忠林
签订日期:2017年12月01日   签订日期:2017年12月01日

凭 3-3-1

借 款 单
2017 年 12 月 02 日

借款部门	采购部		借款人	林红霞
借款事由	出差武汉进行采购市场调研			
借款金额人民币(大写)	贰仟元整		现金付讫	¥2 000.00
总经理		部门经理	王达浩	财务经理	刘涛

借款人:林红霞

凭 3-4-1

北京市增值税专用发票

抵 扣 联　　　　　　　　　　　NO. 06846012

开票日期：2017年12月03日

购货单位	名　　称：	北京大华制衣有限公司				密码区	8*+5468/>48<-<432+<24+<1256 /148<-321-90+-−4641516*57-< 36845<7+05412*-4-78>87-4-71 ><147>98>785436>-29?92/769>		
	纳税人识别号：	911101105485635821D							
	地址、电话：	北京市朝阳区来广营北路888号							
	开户行及账号：	工商银行北京望京支行 1102024500531245326							
货物或应税劳务名称	规格型号	单位	数量	单价	金　额		税率		税额
汽油	95#	升	50.277	6.46	324.79		17%		55.21
合　　计					￥324.79		17%		￥55.21
价税合计（大写）		⊗叁佰捌拾元整			（小写）￥380.00				
销货单位	名　　称：	中国石化北京来广营分公司经销部				备注	（发票专用章）		
	纳税人识别号：	911100278564528986							
	地址、电话：	北京市朝阳区来广营西路14号							
	开户行及账号：	工商银行北京望京支行 1102023456860013246							

收款人：李雯雯　　复核：刘鑫　　开票人：张佳琳　　销货单位：(章)

凭 3-4-2

北京市增值税专用发票

发 票 联　　　　　　　　　　　NO. 06846012

开票日期：2017年12月03日

购货单位	名　　称：	北京大华制衣有限公司				密码区	8*+5468/>48<-<432+<24+<1256 /148<-321-90+-−4641516*57-< 36845<7+05412*-4-78>87-4-71 ><147>98>785436>-29?92/769>		
	纳税人识别号：	91110105485635821D							
	地址、电话：	北京市朝阳区来广营北路888号							
	开户行及账号：	工商银行北京望京支行 1102024500531245326							
货物或应税劳务名称	规格型号	单位	数量	单价	金　额		税率		税额
汽油	95#	升	50.277	6.46	324.79		17%		55.21
合　　计					￥324.79		17%		￥55.21
价税合计（大写）		⊗叁佰捌拾元整			（小写）￥380.00				
销货单位	名　　称：	中国石化北京来广营分公司经销部				备注	（发票专用章）		
	纳税人识别号：	911100278564528986							
	地址、电话：	北京市朝阳区来广营西路14号							
	开户行及账号：	工商银行北京望京支行 1102023456860013246							

收款人：李雯雯　　复核：刘鑫　　开票人：张佳琳　　销货单位：(章)

凭 3-4-3

费 用 报 销 单

2017 年 12 月 03 日　　　　　　单据及附件共 1 张

姓名	王梦甜	所属部门	行政办公室	报销形式	现金	
				支票号码		
报销项目		摘要		金额		备注:
交通费		汽油费		380.00		
				现金付讫		

人民币(大写):零万零仟叁佰捌拾零元零角零分　　　　原借款:　　元　　应退(补)款:380.00 元

审批:刘忠林　　　复核:刘涛　　　出纳:李琳　　　报销人:王梦甜

凭 3-5-1

中国工商银行
转账支票存根
74919027
18290575

附加信息_____

出票日期　2017 年 12 月 03 日

收款人:	北京达通纺织有限公司
金　额:	￥79 092.00
用　途:	支付货款
备　注:	
单位主管:刘涛	会计:王晓宁

一般纳税人账务处理相关原始凭证

凭 3-5-2

收 料 单

供应单位:北京达通纺织有限公司　　　　　　　　　　编　号:001
材料类别:原材料　　　　2017 年 12 月 03 日　　　　仓库名称:材料库

编号	材料名称	规格	计量单位	数量		实际价格				计划价格	
				应收	实收	单价	金额	运杂费	合计	单价	金额
101	蓝水洗布		米	1 200	1 200						
102	蓝水洗布		米	1 400	1 400						
备注											

仓库负责人:李建华　　　　保管员:丁立　　　　采购员(或经办人):林红霞

凭 3-6-1

北京市增值税专用发票

抵 扣 联

NO. 03567895

开票日期:2017年12月04日

购货单位	名　称:	北京大华制衣有限公司	密码区	/2356#*->85**8954/>56743246
	纳税人识别号:	911101105485635821D		1-90+--4641/148<-32516*57-<
	地址、电话:	北京市朝阳区来广营北路888号		412*-4-78>35698562-**7-4-71
	开户行及账号:	工商银行北京望京支行 1102024500531245326		5436>-29?92/769>><147>98>78

货物或应税劳务名称	规格型号	单位	数量	单价	金 额	税率	税 额
广告费					94 339.62	6%	5 660.38
合　计					¥94 339.62	6%	¥5 660.38
价税合计(大写)	⊗壹拾万元整				(小写) ¥100 000.00		

销货单位	名　称:	北京世纪广告有限公司	备注	
	纳税人识别号:	9110105783569525628		
	地址、电话:	北京市朝阳区望京街16号		
	开户行及账号:	工商银行北京望京支行 1102022365489562565		

收款人:王欢　　复核:张恒艺　　开票人:吴洁　　销货单位:(章)

凭 3-6-2

北京市增值税专用发票

发票联

NO. 03567895

开票日期：2017年12月04日

购货单位	名　　称	北京大华制衣有限公司	密码区	/2356#*->85**8954/>56743246 1-90+--4641/148<-32516*57-< 412*-4-78/35698562-**7-4-71 5436>-29?92/769>><147>98>78
	纳税人识别号	91110105485635821D		
	地址、电话	北京市朝阳区来广营北路888号		
	开户行及账号	工商银行北京望京支行 1102024500531245326		

货物或应税劳务名称	规格型号	单位	数量	单价	金额	税率	税额
广告费					94 339.62	6%	5 660.38
合　计					￥94 339.62	6%	￥5 660.38
价税合计（大写）	⊗壹拾万元整				（小写）￥100 000.00		

销货单位	名　　称	北京世纪广告有限公司	备注	
	纳税人识别号	9110105783569525628		
	地址、电话	北京市朝阳区望京街16号		
	开户行及账号	工商银行北京望京支行 1102022365489562565		

收款人：王欢　　复核：张恒艺　　开票人：吴洁　　销货单位：（章）

凭 3-6-3

中国工商银行
转账支票存根
74919027
18290576

附加信息

出票日期　2017 年 12 月 04 日

收款人：北京世纪广有限公司
金　额：￥100 000.00
用　途：支付广告费
备　注：

单位主管：刘涛　　会计：王晓宁

凭 3-7-1

交通银行 进 账 单（收账通知） 3
2017 年 12 月 04 日　　　　　　　　　　第0132号

付款人	全　称	北京大华制衣有限公司	收款人	全　称	北京大华制衣有限公司
	账　号	1102024500531245326		账　号	1100020490524862 53265
	开户银行	工商银行北京望京支行		开户银行	交通银行北京望京支行

人民币（大写）	贰拾万元整	千百十万千百十元角分 ¥ 2 0 0 0 0 0 0 0

票据种类		票据张数	
票据号码			

交通银行
北京望京支行
2017.12.04
转讫
(01)

单位主管　　会计　　复核　　记账　　　　　　　　　开户银行签章

此联是银行给收款人的收账通知

一般纳税人账务处理相关原始凭证

凭 3-7-2

中国工商银行电子银行转账凭证 （付款）
2017 年 12 月 04 日

付款人名称	北京大华制衣有限公司	收款人名称	北京大华制衣有限公司
付款人账号	1102024500531245326	账　号	11000204905248 6253265
付款行名称	工商银行北京望京支行	开户银行	交通银行北京望京支行
人民币	贰拾万元整		¥200 000.00
用途	转账	业务类型	网上转账汇款
备注			

已打印 001 次　　　　　　　　　　　　　银行签章：

凭 3-8-1

交通银行　银行汇票申请书（存根）1

申请日期　2017 年 12 月 04 日　　　第 10568 号

申请人	北京大华制衣有限公司	收款人	山西华兴有限责任公司
账号或住址	110002049052486253265	账号或住址	141620600668793787966
用途	支付购货款	代理付款行	交通银行太原杏花岭支行

汇票金额	人民币（大写）	壹拾捌万元整	千百十万千百十元角分 ¥ 1 8 0 0 0 0 0 0
备注			

科　目（借）
对方科目（贷）
转账日期　　年　月　日
复核　　　记账

（印章：交通银行 北京望京支行 2017.12.04 转讫 (01)）

此联申请人留存

凭 3-9-1

中国工商银行　进账单（收账通知）3

2017 年 12 月 04 日　　　第 0196 号

付款人	全称	北京星海服装有限公司	收款人	全称	北京大华制衣有限公司
	账号	110002049053694223647		账号	1102024500531245326
	开户银行	交通银行北京海淀支行		开户银行	工商银行北京望京支行

人民币（大写）	捌万元整	千百十万千百十元角分 ¥ 8 0 0 0 0 0 0
票据种类	转账支票　票据张数　1	
票据号码	58782964	

单位主管　　会计　　复核　　记账

（印章：中国工商银行 北京望京支行 2017.12.04 转讫 (01)）

开户银行签章

此联是银行给收款人的收账通知

附录三　一般纳税人账务处理相关原始凭证

凭 3-10-1

上海市增值税专用发票
抵扣联

NO. 62384952

开票日期：2017年12月04日

购货单位	名　　称：	北京大华制衣有限公司	密码区	148<-22-48*+7478/>+<1248<-<
	纳税人识别号：	911101105485635821D		6122+<2456*+--457-</4151684
	地址、电话：	北京市朝阳区来广营北路888号		58*-4-78>81365<7+0548>>1219
	开户行及账号：	工商银行北京望京支行 1102024500531245326		794589/92/279>>->9<14781372

货物或应税劳务名称	规格型号	单位	数量	单价	金额	税率	税额
缝纫线		千克	1 000	68.50	68 500.00	17%	11 645.00
辅料		捆	100	50.00	5 000.00	17%	850.00
包装盒		个	10 000	3.00	30 000.00	17%	5 100.00
合　计					¥103 500.00	17%	¥17 595.00
价税合计（大写）		⊗壹拾贰万壹仟零玖拾伍元整			（小写）¥121 095.00		

销货单位	名　　称：	上海恒利服装辅料有限公司	备注	
	纳税人识别号：	911101005695256357		
	地址、电话：	上海市黄浦东路120号		
	开户行及账号：	工商银行上海黄浦支行 213455151009052783		

收款人：佘晓敏　　复核：杨刚　　开票人：佘晓敏　　销货单位：(章)

凭 3-10-2

上海市增值税专用发票
发票联

NO. 62384952

开票日期：2017年12月04日

购货单位	名　　称：	北京大华制衣有限公司	密码区	148<-22-48*+7478/>+<1248<-<
	纳税人识别号：	911101105485635821D		6122+<2456*+--457-</4151684
	地址、电话：	北京市朝阳区来广营北路888号		58*-4-78>81365<7+0548>>1219
	开户行及账号：	工商银行北京望京支行 1102024500531245326		794589/92/279>>->9<14781372

货物或应税劳务名称	规格型号	单位	数量	单价	金额	税率	税额
缝纫线		千克	1 000	68.50	68 500.00	17%	11 645.00
辅料		捆	100	50.00	5 000.00	17%	850.00
包装盒		个	10 000	3.00	30 000.00	17%	5 100.00
合　计					¥103 500.00	17%	¥17 595.00
价税合计（大写）		⊗壹拾贰万壹仟零玖拾伍元整			（小写）¥121 095.00		

销货单位	名　　称：	上海恒利服装辅料有限公司	备注	
	纳税人识别号：	911101005695256357		
	地址、电话：	上海市黄浦东路120号		
	开户行及账号：	工商银行上海黄浦支行 213455151009052783		

收款人：佘晓敏　　复核：杨刚　　开票人：佘晓敏　　销货单位：(章)

凭 3-10-3

中国工商银行
转账支票存根
74919027
18290577

附加信息 _____

出票日期 2017 年 12 月 04 日

收款人：	上海恒利服装辅料有限公司
金　额：	￥121 095.00
用　途：	支付购料款
备　注：	

单位主管:刘涛　　会计:王晓宁

凭 3-10-4

收 料 单

供应单位:上海恒利服装辅料有限公司　　　　　　　　编　号:002
材料类别:原材料　　　　2017 年 12 月 04 日　　　　仓库名称:材料库

编号	材料名称	规格	计量单位	数量		实际价格				计划价格	
				应收	实收	单价	金额	运杂费	合计	单价	金额
202	缝纫线		千克	1 000	1 000						
203	辅料		捆	100	100						

备注:

仓库负责人:李建华　　　　保管员:丁立　　　　采购员(或经办人):林红霞

凭 3-10-5

收 料 单

供应单位：上海恒利服装辅料有限公司　　　　　编　号：003
材料类别：周转材料　　　2017年12月04日　　　仓库名称：材料库

编号	材料名称	规格	计量单位	数量		实际价格				计划价格	
				应收	实收	单价	金额	运杂费	合计	单价	金额
301	包装盒		个	10 000	10 000						

备注：

仓库负责人：李建华　　　　保管员：丁立　　　　采购员(或经办人)：林红霞

第二联　财务记账

凭 3-11-1

浙江省增值税专用发票

抵 扣 联

NO. 15092348

开票日期：2017年12月04日

购货单位	名　　　称：	北京大华制衣有限公司			密码区	34-+32+<24+<1256032187*#>21 90+--4641516*57-</148<-321- *-4-78>87-4-7136845<7+05412 36>-29?92/769>><147>98>7854		
	纳税人识别号：	911101105485635821D						
	地址、电话：	北京市朝阳区来广营北路888号						
	开户行及账号：	工商银行北京望京支行 1102024500531245326						
货物或应税劳务名称	规格型号	单位	数量	单价		金额	税率	税额
纽扣			80 000	0.50		40 000.00	17%	6 800.00
合　计						￥40 000.00	17%	￥6 800.00
价税合计(大写)	⊗肆万陆仟捌佰元整					(小写)￥46 800.00		
销货单位	名　　　称：	浙江达升纽扣厂			备注			
	纳税人识别号：	330103125057824215						
	地址、电话：	浙江省杭州市下城区凤起路100号						
	开户行及账号：	工商银行杭州之江支行 1224206225788952346						

收款人：李婷　　复核：刘芳　　开票人：张雨诺　　销货单位：(章)

第二联 抵扣联 购买方扣税凭证

凭 3-11-2

浙江省增值税专用发票
发票联

NO. 15092348

开票日期：2017年12月04日

购货单位	名　　称：	北京大华制衣有限公司	密码区	34-+32+<24+<1256032187*#>21 90+--4641516*57-</148<-321-*-4-78>87-4-7136845<7+05412 36>-29?92/769>><147>98>7854		
	纳税人识别号：	91110105485635821D					
	地址、电话：	北京市朝阳区来广营北路888号					
	开户行及账号：	工商银行北京望京支行 1102024500531245326					
货物或应税劳务名称	规格型号	单位	数量	单价	金额	税率	税额
纽扣			80 000	0.50	40 000.00	17%	6 800.00
合　　计					¥40 000.00	17%	¥6 800.00
价税合计（大写）	⊗肆万陆仟捌佰元整				（小写）¥46 800.00		
销货单位	名　　称：	浙江达升纽扣厂	备注			
	纳税人识别号：	330103125057824215				
	地址、电话：	浙江省杭州市下城区凤起路100号				
	开户行及账号：	工商银行杭州之江支行 1224206225788952346				

收款人：李婷　　　复核：刘芳　　　开票人：张雨诺　　　销货单位：(章)

凭 3-11-3

中国工商银行
转账支票存根
74919027
18290578

附加信息＿＿＿＿＿＿＿＿＿＿
＿＿＿＿＿＿＿＿＿＿＿＿＿＿

出票日期　2017年12月04日

收款人：	浙江达升纽扣厂
金　额：	¥46 800.00
用　途：	货款
备　注：	

单位主管：刘涛　　会计：王晓宁

凭 3-11-4

收 料 单

供应单位：浙江达升纽扣厂　　　　　　　　　　　　　编　号：004
材料类别：原材料　　　　2017 年 12 月 04 日　　　仓库名称：材料库

编号	材料名称	规格	计量单位	数量 应收	数量 实收	实际价格 单价	实际价格 金额	实际价格 运杂费	实际价格 合计	计划价格 单价	计划价格 金额
201	纽扣		个	80 000	80 000						

备注：

仓库负责人：李建华　　　保管员：丁立　　　采购员（或经办人）：林红霞

凭 3-12-1

北京市增值税专用发票

抵 扣 联

NO.05988564

开票日期：2017年12月05日

购货单位	名　称：	北京大华制衣有限公司	密码区	122+<24568*+7478/>+<1248<-<*+--457-</148<-22-458641516*-4-78>879458136845<7+054129/92/279>>->98><1478131972
	纳税人识别号：	911101105485635821D		
	地址、电话：	北京市朝阳区来广营北路888号		
	开户行及账号：	工商银行北京望京支行 1102024500531245326		

货物或应税劳务名称	规格型号	单位	数量	单价	金额	税率	税额
蓝水洗布		米	2 000	30.00	60 000.00	17%	10 200.00
红水洗布		米	2 500	30.00	75 000.00	17%	12 750.00
合　计					¥135 000.00	17%	¥22 950.00

价税合计（大写）　⊗壹拾伍万柒仟玖佰伍拾元整　　　　（小写）¥157 950.00

销货单位	名　称：	北京达通纺织有限公司	备注	（北京达通纺织有限公司 91110889653347656F 发票专用章）
	纳税人识别号：	91110889653347656F		
	地址、电话：	北京市通州区云景东路125号		
	开户行及账号：	工商银行北京云景东路支行 1102035679645852325		

收款人：刘欣颖　　复核：王雯　　开票人：刘欣颖　　销货单位：（章）

凭 3-12-2

北京市增值税专用发票

发 票 联　　　　　　　　　　　　　　NO.05988564

开票日期：2017年12月05日

购货单位	名　　称：	北京大华制衣有限公司	密码区	122+<24568*+7478/>+<1248<-<*+--457-</148<-22-458641516*-4-78>879458136845<7+054129/92/279>>->98>><1478131972		
	纳税人识别号：	91110105485635821D				
	地址、电话：	北京市朝阳区来广营北路888号				
	开户行及账号：	工商银行北京望京支行 1102024500531245326				

货物或应税劳务名称	规格型号	单位	数量	单价	金额	税率	税额
蓝水洗布		米	2 000	30.00	60 000.00	17%	10 200.00
红水洗布		米	2 500	30.00	75 000.00	17%	12 750.00
合　计					¥135 000.00	17%	¥22 950.00
价税合计（大写）	⊗壹拾伍万柒仟玖佰伍拾元整				（小写）¥157,950.00		

销货单位	名　　称：	北京达通纺织有限公司	备注	北京达通纺织有限公司 91110889653347656F 发票专用章
	纳税人识别号：	91110889653347656F		
	地址、电话：	北京市通州区云景东路125号		
	开户行及账号：	工商银行北京云景东路支行 1102035679645852325		

收款人：刘欣颖　　复核：王雯　　开票人：刘欣颖　　销货单位：（章）

凭 3-12-3

中国工商银行
转账支票存根
74919027
18290579

附加信息＿＿＿＿＿＿＿
　　　　　＿＿＿＿＿＿＿

出票日期　2017 年 12 月 05 日

收款人：	北京达通纺织有限公司
金　额：	¥157 950.00
用　途：	支付购料款
备　注：	

单位主管：刘涛　　会计：王晓宁

凭 3-12-4

收 料 单

供应单位：北京达通纺织有限公司　　　　　　　　　　　　编　号：005
材料类别：原材料
　　　　　　　　2017 年 12 月 05 日　　　　　　　　仓库名称：材料库

编号	材料名称	规格	计量单位	数量		实际价格				计划价格	
				应收	实收	单价	金额	运杂费	合计	单价	金额
101	蓝水洗布		米	2 000	2 000						
102	红水洗布		米	2 500	2 500						

备注：

仓库负责人：李建华　　　　　保管员：丁立　　　　　采购员（或经办人）：林红霞

第二联　财务记账

凭 3-13-1

山西省增值税专用发票

抵扣联　　　　　　　　　　　　　　　　NO.05645956

开票日期：2017年12月05日

购货单位	名　　称：	北京大华制衣有限公司	密码区	54136845<7+0122+<24<1248<-< 48<-22-458641*+--457-</1516 568*+7478/>+*-4-78>87945812 8>><147819/92/279>>->931972			
	纳税人识别号：	911101105485635821D					
	地址、电话：	北京市朝阳区来广营北路888号					
	开户行及账号：	工商银行北京望京支行 1102024500531245326					
货物或应税劳务名称	规格型号	单位	数量	单价	金额	税率	税额
蓝水洗布		米	2 000	29.00	58 000.00	17%	9 860.00
红水洗布		米	3 000	29.00	87 000.00	17%	14 790.00
合　　计					¥145 000.00	17%	¥24 650.00
价税合计（大写）	⊗壹拾陆万玖仟陆佰伍拾元整				（小写）¥169 650.00		
销货单位	名　　称：	山西华兴有限责任公司	备注				
	纳税人识别号：	91140107779551913J					
	地址、电话：	山西省太原市杏花岭区五一路69号					
	开户行及账号：	交通银行太原杏花岭支行 141620600668793787966					

收款人：　　　复核：　　　开票人：刘欣欣　　　销货单位：(章)

第二联　抵扣联　购买方抵扣税凭证

凭 3-13-2

山西省增值税专用发票
发 票 联

NO. 05645956

开票日期：2017年12月05日

购货单位	名　　称	北京大华制衣有限公司	密码区	54136845<7+0122+<24<1248<-<48<-22-458641*+--457-</1516 568*+7478/>+*-4-78>87945812 8>><147819/92/279>>->931972		
	纳税人识别号	91110105485635821D				
	地址、电话	北京市朝阳区来广营北路888号				
	开户行及账号	工商银行北京望京支行 1102024500531245326				

货物或应税劳务名称	规格型号	单位	数量	单价	金　额	税率	税　额
蓝水洗布		米	2 000	29.00	58 000.00	17%	9 860.00
红水洗布		米	3 000	29.00	87 000.00	17%	14 790.00
合　计					¥145 000.00	17%	¥24 650.00
价税合计（大写）		⊗壹拾陆万玖仟陆佰伍拾元整			（小写）¥169 650.00		

销货单位	名　　称	山西华兴有限责任公司	备注	
	纳税人识别号	911401077779551913J		
	地址、电话	山西省太原市杏花岭区五一路69号		
	开户行及账号	交通银行太原杏花岭支行 141620600668793787966		

收款人：　　复核：　　开票人：刘欣欣　　销货单位：(章)

凭 3-13-3

山西省增值税专用发票
抵 扣 联

NO. 05644231

开票日期：2017年12月05日

购货单位	名　　称	北京大华制衣有限公司	密码区	5413-<684<1248<-<48<-22-458 641*+--457/151645<7+0122+<2 79>>->93478/>+*-4-78>879812 19568*+78>><147819/92/27245
	纳税人识别号	911101105485635821D		
	地址、电话	北京市朝阳区来广营北路888号		
	开户行及账号	工商银行北京望京支行 1102024500531245326		

货物或应税劳务名称	规格型号	单位	数量	单价	金　额	税率	税　额
运输费			1	900.90	900.90	11%	99.10
合　计					¥900.90	11%	¥99.10
价税合计（大写）		⊗壹仟元整			（小写）¥1 000.00		

销货单位	名　　称	山西鹏顺物流有限公司	备注	起运地：太原市 到达地：北京市 车种车号：载货车　晋A E369F 运输货物信息：布料
	纳税人识别号	911401075664238007		
	地址、电话	山西省太原市杏花岭区五一路15号		
	开户行及账号	交通银行太原杏花岭支行 141620600795322197702		

收款人：　　复核：　　开票人：陈淑华　　销货单位：(章)

凭3-13-4

山西省增值税专用发票

发票联

NO.05644231

开票日期：2017年12月05日

购货单位	名　　称：	北京大华制衣有限公司	密码区	5413-<684<1248<-<48<-22-458 641*+--457/151645<7+0122+<2 79>>->93478/>+*-4-78>879812 19568*+78>><147819/92/27245			
	纳税人识别号：	91110105485635821D					
	地址、电话：	北京市朝阳区来广营北路888号					
	开户行及账号：	工商银行北京望京支行 1102024500531245326					
货物或应税劳务名称	规格型号	单位	数量	单价	金额	税率	税额
运输费			1	900.90	900.90	11%	99.10
合　　计					¥900.90	11%	¥99.10
价税合计（大写）	⊗壹仟元整			（小写）¥1,000.00			
销货单位	名　　称：	山西鹏顺物流有限公司	备注	起运地：太原市 到达地：北京市 车种车号：载货车 晋A E369F 运输货物信息：布料			
	纳税人识别号：	911401075664238007					
	地址、电话：	山西省太原市杏花岭区五一路15号					
	开户行及账号：	交通银行太原杏花岭支行 141620600795322197702					

收款人： 复核： 开票人：陈淑华 销货单位：(章)

凭3-13-5

收　料　单

供应单位：山西华兴有限责任公司　　　　　　　　　　　　　编　号：006

材料类别：原材料　　　　2017年12月05日　　　　仓库名称：材料库

编号	材料名称	规格	计量单位	数量		实际价格				计划价格	
				应收	实收	单价	金额	运杂费	合计	单价	金额
101	蓝水洗布		米	2 000	2 000						
102	红水洗布		米	3 000	3 000						

备注：

仓库负责人：李建华　　　　保管员：丁立　　　　采购员（或经办人）：林红霞

凭 3-13-6

交通银行
银行汇票（多余款 收账通知） 4

汇票号码 第1058号

出票日期（大写）	贰零壹柒年壹拾贰月零伍日	代理付款行：		行号：	
收款人	山西华兴有限责任公司		账号：141620600668793787966		
出票金额 人民币（大写）	壹拾捌万元整				
实际结算金额 人民币（大写）	壹拾柒万零陆佰伍拾元整			千百十万千百十元角分 ¥ 1 7 0 6 5 0 0 0	
申请人	北京大华制衣有限公司		账号或住址	11000204905248625326 5	
出票行	北京望京支行 行号：301100000187				
备注		密押		左列退回多余金额已收入你账户内	
出票行盖章 汇票专用章 62624		多余金额 千百十万千百十元角分 ¥ 9 3 5 0 0 0			
2017年12月05日				账务主管　复核　经办	

此联出票行结清多余款后交申请人

凭 3-14-1

第XI036511号

电邮　　委托收款 凭证（收账通知） 4　委托号码

委托日期 2017年11月27日

付款人	全称	河北泰达服饰有限公司	收款人	全称	北京大华制衣有限公司		
	账号或地址	320154631278965		账号	1102024500531245326		
	开户银行	建设银行保定盛兴支行		开户银行	工商银行北京望京支行	行号	67238
委收金额	人民币（大写）	壹拾捌万捌仟元整			千百十万千百十元角分 ¥ 1 8 8 0 0 0 0 0		
款项内容	货款		委托收款凭据名称		6 附寄单证张数		
备注		上列款项 1.以全部划回收入你方账户 2.全部未收到		中国工商银行 北京望京支行 2017.12.06 转讫 (01)			

单位主管　会计　复核　记账　付款人开户银行收到日期　年　月　日　支付日期　年　月　日

凭 3-15-1

北京市增值税专用发票

此联不作报销、扣款凭证使用

NO. 01785961

开票日期：2017年12月06日

购货单位	名　　　称：	天津北盛有限公司	密码区	*+--457-</148<-22-458641516 -22-45*57-</148<**+--416972 45<7+012*-3-65>879458155412 8>><18/56/145>>->9--478131+
	纳税人识别号：	420965322682546782		
	地址、电话：	天津市南开路321号022-88564589		
	开户行及账号：	建设银行天津南开支行 420118976536422		

货物或应税劳务名称	规格型号	单位	数量	单价	金　额	税率	税　额
男式衬衫		件	800	200.00	160 000.00	17%	27 200.00
女式衬衫		件	1 000	180.00	180 000.00	17%	30 600.00
合　　计					¥340 000.00	17%	¥57 800.00
价税合计（大写）	⊗叁拾玖万柒仟捌佰元整				（小写）¥ 397 800.00		

销货单位	名　　　称：	北京大华制衣有限公司	备注	
	纳税人识别号：	91110105485635821D		
	地址、电话：	北京市朝阳区来广营北路888号		
	开户行及账号：	工商银行北京望京支行 1102024500531245326		

收款人：　　　复核：　　　开票人：王晓宁　　　销货单位：(章)

凭 3-15-2

中国工商银行 进 账 单（收账通知） 3

2017年 12月 06日　　　第 0106 号

付款人	全　称	天津北盛有限公司	收款人	全　称	北京大华制衣有限公司
	账　号	420118976536422		账　号	1102024500531245326
	开户银行	建设银行天津南开支行		开户银行	工商银行北京望京支行

人民币 (大写)	叁拾玖万柒仟捌佰元整	千 百 十 万 千 百 十 元 角 分
		¥ 3 9 7 8 0 0 0 0

票据种类	转账支票	票据张数	1
票据号码	36563286		

中国工商银行
北京望京支行
2017.12.06
转讫
(01)

开户银行签章

单位主管　　　会计　　　复核　　　记账

凭 3-15-3

出 库 单

发货仓库:成品库
提货单位:天津北盛有限公司　　2017 年 12 月 06 日　　　　　　　编号:001

编号	名称	规格	单位	应发数量	实发数量	单位成本	金 额
201	男式衬衫		件	800	800		
202	女式衬衫		件	1 000	1 000		
	合　　计						

负责人:　　　　　　经发:　　　　　　保管:丁立　　　　　　制单:丁立

第二联　财务记账

凭 3-16-1

社会保险费缴费申报表

地税编码:1105632865　　税款所属日期:2017 年 11 月 01 日至 2017 年 11 月 30 日

金额单位:元(列至角分)

缴费单位名称	北京大华制衣有限公司		单位地址	北京市朝阳区来广营北路 888 号		联系电话	010-57290188
缴费银行	中国工商银行北京望京支行		缴费账号	1102024500531245326		登记注册类型	有限责任公司
费种	征收品目	缴费基数	费率	应缴税额	抵缴税额	本期应缴税额	缴费人数
1	2	3	4	5=3×4	6	7=5-6	8
社会保险费	养老保险费	154 500.00	27%	41 715.00	0	41 715.00	20
社会保险费	医疗保险费	154 500.00	12%+3	18 600.00	0	18 600.00	20
社会保险费	失业保险费	154 500.00	1%	1 545.00	0	1 545.00	20
社会保险费	工伤保险费	154 500.00	1%	1 545.00	0	1 545.00	20
社会保险费	生育保险费	154 500.00	0.80%	1 236.00	0	1 236.00	20
合计		—	—	64 641.00		64 641.00	
销售(营业)收入		本期实发工资额	117 105.60		职工人数	20	
缴费人申明	本单位所申报的社会保险费真实、准确,如有虚假内容,愿承担法律责任。法人代表(负责人)签名:刘忠林　2017 年 12 月 06 日		授权人申明	我单位现授权_____为本缴费人的代理申报人,任何与申报有关的往来文件,都可寄此代理机构。委托代理合同号:授权人:　　　年　月　日		代理人申明	本申报表是按照社会保险费有关规定填报,我确认其真实、合法。代理人(签章):经办人:　　　年　月　日
税务机关受理人:			受理日期:　　年　月　日			备注:	

填表人签名:李琳　　　填表日期:2017-12-06　　　打印鉴证码:28625NGB12065

凭 3-16-2

中国工商银行电子缴税付款回单

转账日期:2017 年 12 月 06 日

纳税人全称及纳税人识别号:北京大华制衣有限公司 91110105485635821D
付款人全称:北京大华制衣有限公司
付款人账号:1102024500531245326　　　征收机关名称:北京市朝阳区地方税务局
付款人开户银行:中国工商银行北京望京支行　　征收国库(银行)名称:国家金库北京市朝阳区支库(代理)
小写(合计)金额:￥64 641.00　　　　　　　缴款书交易流水号:23651082981
大写(合计)金额:人民币陆万肆仟陆佰肆拾壹元整　税票号码:14019957136646

税(费)种名称	所属时期	实缴金额
社保费——养老	20171101—20171130	41 715.00
社保费——医疗	20171101—20171130	18 600.00
社保费——工伤	20171101—20171130	1 545.00
社保费——失业	20171101—20171130	1 545.00
社保费——生育	20171101—20171130	1 236.00

第1次打印　　　　　　　　　　　打印日期:2017 年 12 月 06 日

(中国工商银行 北京望京支行 2017.12.06 转讫(01))

凭 3-16-3

住房公积金汇缴书

2017 年 12 月 06 日　　　　　　　　　　　附:变更清册 1 张

单位名称(公章)	北京大华制衣有限公司											
单位登记号	1106238562	资金来源	□财政统发	☑非财政统发	汇缴 2017 年 11 月份							
汇缴金额(大写):人民币叁万柒仟零捌拾元整					千	百	十	万	千	百	十	元	角	分
							￥	3	7	0	8	0	0	0

项目	上月汇缴	本月增加	本月减少	本月汇缴
人数	0	20	0	20
金额		37 080.00		37 080.00
缴款方式	□支票　□委托收款　□现金　☑汇款		备注	
票据号码				
付款银行	中国工商银行北京望京支行			
付款账户	1102024500531245326			

单位财务主管签名(盖章):刘涛　　　复核:王晓宁　　　制单:李琳

(中国工商银行 北京望京支行 2017.12.06 转讫(01))

凭 3-16-4

中国工商银行电子缴费付款回单

转账日期:2017 年 12 月 06 日

纳税人全称及纳税人识别号:北京大华制衣有限公司 91110105485635821D
付款人全称:北京大华制衣有限公司
付款人账号:1102024500531245326
付款人开户银行:中国工商银行北京望京支行
小写(合计)金额:￥37 080.00
大写(合计)金额:人民币叁万柒仟零捌拾元整

征收机关名称:北京住房公积金管理中心朝阳管理部
收款方账号:11001361001 0400185620
收款方账户:建设银行北京百子湾支行

税(费)种名称	所属时期	实缴金额
住房公积金	20171101—20171130	37 080.00

(中国工商银行北京望京支行 2017.12.06 转讫 (01))

第1次打印　　　　打印日期:2017 年 12 月 06 日

凭 3-17-1

中国工商银行电子缴费付款回单

转账日期:2017 年 12 月 06 日

纳税人全称及纳税人识别号:北京大华制衣有限公司 91110105485635821D
付款人全称:北京大华制衣有限公司
付款人账号:1102024500531245326
付款人开户银行:中国工商银行北京望京支行
小写(合计)金额:￥9 728.16
大写(合计)金额:人民币玖仟柒佰贰拾捌元壹角陆分

征收机关名称:北京市朝阳区国家税务局
征收国库(银行)名称:国家金库北京市朝阳区支库
缴款书交易流水号:23651082983
税票号码:14019957137896

税(费)种名称	所属时期	实缴金额
增值税	20171101—20171130	9 728.16

(中国工商银行北京望京支行 2017.12.06 转讫 (01))

第1次打印　　　　打印日期:2017 年 12 月 06 日

凭 3-17-2

中国工商银行电子缴费付款回单

转账日期：2017 年 12 月 06 日

纳税人全称及纳税人识别号：北京大华制衣有限公司 91110105485635821D
付款人全称：北京大华制衣有限公司
付款人账号：1102024500531245326　　　征收机关名称：北京市朝阳区地方税务局
付款人开户银行：中国工商银行北京望京支行　　征收国库(银行)名称：国家金库北京市朝阳区支库(代理)
小写(合计)金额：￥1 167.37　　　　　　　缴款书交易流水号：236510829834
大写(合计)金额：人民币壹仟壹佰陆拾柒元叁角柒分　　税票号码：14019957136648

税(费)种名称	所属时期	实缴金额
城市维护建设税——城市市区	20171101—20171130	680.97
教育费附加	20171101—20171130	291.84
地方教育费附加	20171101—20171130	194.56

（印章：中国工商银行北京望京支行 2017.12.06 转讫 (01)）

第1次打印　　　　　　　　打印日期：2017 年 12 月 06 日

凭 3-17-3

中国工商银行电子缴费付款回单

转账日期：2017 年 12 月 06 日

纳税人全称及纳税人识别号：北京大华制衣有限公司 91110105485635821D
付款人全称：北京大华制衣有限公司
付款人账号：1102024500531245326　　　征收机关名称：北京市朝阳区地方税务局
付款人开户银行：中国工商银行北京望京支行　　征收国库(银行)名称：国家金库北京市朝阳区支库(代理)
小写(合计)金额：￥3 035.40　　　　　　　缴款书交易流水号：236510829852
大写(合计)金额：人民币叁仟零叁拾伍元肆角整　　税票号码：14019957136648

税(费)种名称	所属时期	实缴金额
个人所得税	20171101—20171130	3 035.40

（印章：中国工商银行北京望京支行 2017.12.06 转讫 (01)）

第1次打印　　　　　　　　打印日期：2017 年 12 月 06 日

凭 3-17-4

中国工商银行电子缴费付款回单

转账日期:2017 年 12 月 06 日

纳税人全称及纳税人识别号:北京大华制衣有限公司 91110105485635821D
付款人全称:北京大华制衣有限公司
付款人账号:1102024500531245326　　征收机关名称:北京市朝阳区地方税务局
付款人开户银行:中国工商银行北京望京支行　　征收国库(银行)名称:国家金库北京市朝阳区支库(代理)
小写(合计)金额:¥8 147.00　　缴款书交易流水号:23651082986
大写(合计)金额:人民币捌仟壹佰肆拾柒元整　　税票号码:14019957136659

税(费)种名称	所属时期	实缴金额
印花税	20171101—20171130	8 147.00

第1次打印　　　　　打印日期:2017 年 12 月 06 日

凭 3-18-1

湖北省增值税专用发票
抵扣联

NO. 87320236

开票日期:2017年12月06日

购货单位	名　　称:	北京大华制衣有限公司	密码区	172312-4-68*+46*8/>48<-+<12 *+864--457-<-22-4515</14816 --32*-4-7887458+/08/45<7+05 >->99/92/279>8>><14781-*-97
	纳税人识别号:	911101105485635821D		
	地址、电话:	北京市朝阳区来广营北路888号		
	开户行及账号:	工商银行北京望京支行 1102024500531245326		

货物或应税劳务名称	规格型号	单位	数量	单价	金额	税率	税额
住宿费					900.00	6%	54.00
合　计					¥900.00	6%	¥54.00

价税合计(大写)　⊗玖佰伍拾肆元整　　(小写) ¥954.00

销货单位	名　　称:	武汉如家精品酒店管理有限公司	备注	
	纳税人识别号:	420108107668927656F		
	地址、电话:	湖北省武汉市武昌区公正路9号		
	开户行及账号:	兴业银行武汉青山支行 416030171810252652		

收款人:王欢　　复核:刘颖　　开票人:吴欣璐　　销货单位:(章)

凭 3-18-2

湖北省增值税专用发票

发 票 联   NO.87320236

开票日期：2017年12月06日

购货单位	名　　称：	北京大华制衣有限公司		密码区	172312-4-68*+46*8/>48<-+<12 *+864--457-<-22-4515</14816 --32*-4-7887458+/08/45<7+05 >->99/92/279>8>><14781-*-97			
	纳税人识别号：	91110105485635821D						
	地　址、电话：	北京市朝阳区来广营北路888号						
	开户行及账号：	工商银行北京望京支行 1102024500531245326						
货物或应税劳务名称	规格型号	单位	数量	单价	金额	税率	税额	
住宿费					900.00	6%	54.00	
合　计					¥900.00	6%	¥54.00	
价税合计（大写）	⊗玖佰伍拾肆元整				（小写）¥954.00			
销货单位	名　　称：	武汉如家精品酒店管理有限公司		备注				
	纳税人识别号：	420108107668927656F						
	地　址、电话：	湖北省武汉市武昌区公正路9号						
	开户行及账号：	兴业银行武汉青山支行 416030171810252652						

收款人：王欢　　　复核：刘颖　　　开票人：吴欣璐　　　销货单位：(章)

凭 3-18-3

凭 3-18-4

凭 3-18-5

差旅费报销单

部门　采购部　　　　　　　　2017 年 12 月 07 日

出差人			林红霞			出差事由			采购市场调研		
出发			到达			交通工具	交通费		出差补贴		其他费用		
月	日	时	地点	月	日	时	地点		单据张数	金额	天数	金额	项目	单据张数	金额
12	3	07:10	北京	12	3	12:34	武汉	火车	1	520.50	4	400.00	住宿费	1	954.00
12	6	08:35	武汉	12	6	14:23	北京	火车	1	520.50			市内车费		
													邮电费		
										现金付讫			办公用品费		
													不买卧铺补贴		
													其他		
			合　计							1 041.00		400.00			
报销总额			人民币(大写)贰仟叁佰玖拾伍元整					预借金额		￥2 000.00			补领金额	￥395.00	
													返还金额		

主管：王达浩　　　审核：刘涛　　　出纳：李琳　　　领款人：林红霞

附件 3 张

凭3-19-1

北京市增值税普通发票
发 票 联

NO.06891302

开票日期：2017年12月08日

购货单位	名　　称	北京大华制衣有限公司	密码区	48<-22-458642+<245+<1248<-< 68*+7478/>*+-112-457-</1516 ><147813*-4-78136845<705412 8>879459/92/+279>>->98>1972
	纳税人识别号	91110105485635821D		
	地址、电话	北京市朝阳区来广营北路888号		
	开户行及账号	工商银行北京望京支行 1102024500531245326		

货物或应税劳务名称	规格型号	单位	数量	单价	金额	税率	税额
餐费					1 443.40	6%	86.60
合　计					¥1 443.40	6%	¥86.60
价税合计（大写）	⊗壹仟伍佰叁拾元整				（小写）¥1 530.00		

销货单位	名　　称	北京眉州酒楼有限公司	备注	
	纳税人识别号	911102156904583501		
	地址、电话	北京市朝阳区望京北路56号		
	开户行及账号	招商银行北京望京支行 623262001538246		

收款人：　　　　复核：　　　　开票人：吴佳佳　　　　销货单位：(章)

凭3-19-2

费 用 报 销 单

2017年12月08日　　　　　　　　单据及附件共1张

姓名	王达浩	所属部门	采购部	报销形式	转账支票
				支票号码	18290580

报销项目	摘要	金额	备注：
业务招待费	餐费	1 530.00	
		转账付讫	

人民币(大写)：零万壹仟伍佰叁拾零元零角零分　　　原借款：　元　应退(补)款：1 530.00元

审批：刘忠林　　　复核：刘涛　　　出纳：李琳　　　报销人：王达浩

凭 3-19-3

中国工商银行
转账支票存根
74919027
18290580

附加信息＿＿＿＿＿＿＿＿＿＿＿
＿＿＿＿＿＿＿＿＿＿＿＿＿＿

出票日期 2017年12月08日

收款人：	北京眉州酒楼有限公司
金　额：	￥1 530.00
用　途：	餐费
备　注：	

单位主管:刘涛　　会计:王晓宁

凭 3-20-1

北京市增值税专用发票

抵 扣 联

NO.08913541

开票日期：2017年12月08日

购货单位	名　称：北京大华制衣有限公司 纳税人识别号：911101105485635821D 地址、电话：北京市朝阳区来广营北路888号 开户行及账号：工商银行北京望京支行 　　　　　　　1102024500531245326	密码区	8<-<432+<24+<12568*+5468/>4 5<7+05/148<-321-90+516*57-< --46413684412*-4-78>87-4-71 29?92/769><\[147\]98>785436-

货物或应税劳务名称	规格型号	单位	数量	单价	金额	税率	税额
打印纸		箱	5	160.00	800.00	17%	136.00
合　计					￥800.00	17%	￥136.00
价税合计（大写）	⊗玖佰叁拾陆元整				（小写）￥936.00		

销货单位	名　称：北京晨光文具有限责任公司 纳税人识别号：911105674009211901 地址、电话：北京市朝阳区望京街666号 开户行及账号：建设银行北京望京支行 　　　　　　　1101010002569831	备注	（北京晨光文具有限责任公司 911105674009211901 发票专用章）

收款人：王菲　　复核：刘若琳　　开票人：张兰　　销货单位：(章)

凭 3-20-2

北京市增值税专用发票

发 票 联　　　　　　　　　　　NO. 08913541

开票日期：2017年12月08日

购货单位	名　　称：北京大华制衣有限公司 纳税人识别号：91110105485635821D 地址、电话：北京市朝阳区来广营北路888号 开户行及账号：工商银行北京望京支行 　　　　　　　1102024500531245326	密码区	8<-<432+<24+<12568*+5468/>4 5<7+05/148<-321-90+516*57-< --46413684412*-4-78>87-4-71 29?92/769>><147>98>785436>-

货物或应税劳务名称	规格型号	单位	数量	单价	金额	税率	税额
打印纸		箱	5	160.00	800.00	17%	136.00
合　计					¥800.00	17%	¥136.00

价税合计（大写）	⊗玖佰叁拾陆元整	（小写）¥936.00

销货单位	名　　称：北京晨光文具有限责任公司 纳税人识别号：911105674009211901 地址、电话：北京市朝阳区望京街666号 开户行及账号：建设银行北京望京支行 　　　　　　　1101010002569831	备注	（北京晨光文具有限责任公司 911105674009211901 发票专用章）

收款人：王菲　　复核：刘若琳　　开票人：张兰　　销货单位：(章)

第三联　发票联　购买方记账凭证

一般纳税人账务处理相关原始凭证

凭 3-20-3

费用报销单

2017 年 12 月 08 日　　　　　　　单据及附件共 1 张

姓名	王梦甜	所属部门	行政办公室	报销形式	现金
				支票号码	

报销项目	摘要	金额	备注
办公费	打印纸	936.00	
		现金付讫	

人民币（大写）：零万零仟玖佰叁拾陆元零角零分　　　原借款　　元　　应退(补)款：936.00 元

审批：刘忠林　　复核：刘涛　　出纳：李琳　　报销人：王梦甜

凭 3-21-1

北京大华制衣有限公司工资结算汇总表

2017 年 11 月

编号	部门	基本工资	岗位津贴	奖金	餐补	交通补助	应发合计	代扣款项					实发工资
								养老保险 (8%)	医疗保险 (2%+3)	失业保险 (0.2%)	住房公积金 (12%)	个人所得税	
1	行政办公室	13 000.00	1 000.00	3 000.00	800.00	600.00	18 400.00	1 472.00	374.00	36.80	2 208.00	591.98	13 717.22
2	人力资源部	7 000.00	500.00	1 500.00	400.00	300.00	9 700.00	776.00	197.00	19.40	1 164.00	299.36	7 244.24
3	财务部	18 000.00	1 500.00	3 500.00	1 200.00	900.00	25 100.00	2 008.00	511.00	50.20	3 012.00	586.88	18 931.92
4	采购部	11 000.00	1 000.00	2 500.00	800.00	1 000.00	16 300.00	1 304.00	332.00	32.60	1 956.00	357.54	12 317.86
5	销售部	11 000.00	1 000.00	2 500.00	800.00	1 200.00	16 500.00	1 320.00	336.00	33.00	1 980.00	373.10	12 457.90
6	车间管理人员	6 000.00	500.00	1 500.00	400.00	300.00	8 700.00	696.00	177.00	17.40	1 044.00	221.56	6 544.04
7	车间生产人员	30 500.00	3 500.00	7 000.00	2 800.00	2 100.00	45 900.00	3 672.00	939.00	91.80	5 508.00	421.60	35 267.60
8	仓储部	9 000.00	1 000.00	2 500.00	800.00	600.00	13 900.00	1 112.00	284.00	27.80	1 668.00	183.38	10 624.82
	合计	105 500.00	10 000.00	24 000.00	8 000.00	7 000.00	154 500.00	12 360.00	3 150.00	309.00	18 540.00	3 035.40	117 105.60

总经理：刘忠林　　　　　财务主管：刘涛　　　　　审核：刘忠林　　　　　制表：王晓宁

凭 3-21-2

```
中国工商银行
转账支票存根
74919027
18290581

附加信息_____
_____

出票日期  2017 年 12 月 10 日

收款人：北京大华制衣有限公司
金　额：¥117 105.60
用　途：支付工资
备　注：

单位主管：刘涛    会计：王晓宁
```

凭3-22-1

北京市增值税专用发票

此联不作报销、扣款凭证使用　　NO.01785962

开票日期：2017年12月11日

购货单位	名称	浙江瑞菲服饰有限公司	密码区	*+--457-</148<-22-458641516 -22-45*57-</148<**+--416972 45<7+012*-3-65>879458155412 8>><18/56/145>>->9--478131+		
	纳税人识别号	330101832435680846				
	地址、电话	杭州市庆春路302号0571-87804588				
	开户行及账号	工行庆春路支行 122622578895234				

货物或应税劳务名称	规格型号	单位	数量	单价	金额	税率	税额
男式衬衫		件	1 000	200.00	200 000.00	17%	34 000.00
女式衬衫		件	1 200	180.00	216 000.00	17%	36 720.00
合　计					¥416 000.00	17%	¥70 720.00
价税合计（大写）	⊗肆拾捌万陆仟柒佰贰拾元整				（小写）¥486 720.00		

销货单位	名称	北京大华制衣有限公司	备注	
	纳税人识别号	91110105485635821D		
	地址、电话	北京市朝阳区来广营北路888号		
	开户行及账号	工商银行北京望京支行 1102024500531245326		

收款人：　　复核：　　开票人：王晓宁　　销货单位：（章）

凭3-22-2

中国工商银行 托收承付凭证 （回单）

委托日期：2017 年 12 月 11 日　　No.20131135

收款人	全称	北京大华制衣有限公司	付款人	全称	浙江瑞菲服饰有限公司
	账号	1102024500531245326		账号	122622578895234
	开户银行	工商银行北京望京支行		开户银行	工商银行杭州庆春路支行

委托收款金额	人民币（大写）肆拾捌万柒仟柒佰贰拾元整	千百十万千百十元角分 ¥ 4 8 7 2 0 0 0
附寄单据	4　　商品发运情况　　铁路运输	合同号码　5820

备注：电划	本托收款项随有关单证等件，请予办理托收 中国工商银行北京望京支行 2017.12.11 收款人盖章 2017年12月11日	科目（借） 对方科目（贷） 汇出行汇出日期　年　月　日 复核　　记账 收款人开户银行收到日期2017年12月11日

凭 3-22-3

中国工商银行
转账支票存根
74919027
18290582

附加信息＿＿＿＿＿＿＿＿＿＿
＿＿＿＿＿＿＿＿＿＿＿＿＿＿
＿＿＿＿＿＿＿＿＿＿＿＿＿＿

出票日期　2017 年 12 月 11 日

收款人：	北京市朝阳第一运输公司
金　　额：	￥1 000.00
用　　途：	代垫运费
备　　注：	

单位主管：刘涛　　会计：王晓宁

凭 3-22-4

出　库　单

发货仓库：成品库
提货单位：浙江瑞菲服饰有限公司　　　2017 年 12 月 11 日　　　编号：002

编号	名称	规格	单位	应发数量	实发数量	单位成本	金　额
201	男式衬衫		件	1 000	1 000		
202	女式衬衫		件	1 200	1 200		
	合　计						

负责人：　　　　　　经发：　　　　　　保管：丁立　　　　　　制单：丁立

第二联　财务记账

凭 3-23-1

浙江省增值税专用发票
抵 扣 联

NO. 15094823

开票日期：2017年12月12日

购货单位	名　称：	北京大华制衣有限公司	密码区	6845<7+05412*-4-78>87-4-713
	纳税人识别号：	911101105485635821D		7-</148<-321-90+--4641516*5
	地址、电话：	北京市朝阳区来广营北路888号		34-+32+<24+<1256032187*#>21
	开户行及账号：	工商银行北京望京支行 1102024500531245326		69>><147>98>785436>-29?92/7

货物或应税劳务名称	规格型号	单位	数量	单价	金额	税率	税额
多功能全自动缝纫机	QT-1	台	1	110 000.00	110 000.00	17%	18 700.00
合　计					¥110 000.00	17%	¥18 700.00
价税合计（大写）	⊗壹拾贰万捌仟柒佰元整				（小写）¥128 700.00		

销货单位	名　称：	杭州诠图科技有限公司	备注	
	纳税人识别号：	330103125057236541		
	地址、电话：	浙江省杭州市余杭区迎宾路555号		杭州诠图科技有限公司
	开户行及账号：	工商银行杭州余杭支行 1220235313546142356		330103125057236541 发票专用章

收款人：王玲　　复核：刘浩然　　开票人：张怡　　销货单位：(章)

第二联 抵扣联 购买方扣税凭证

凭 3-23-2

浙江省增值税专用发票
发 票 联

NO. 15094823

开票日期：2017年12月12日

购货单位	名　称：	北京大华制衣有限公司	密码区	6845<7+05412*-4-78>87-4-713
	纳税人识别号：	911101105485635821D		7-</148<-321-90+--4641516*5
	地址、电话：	北京市朝阳区来广营北路888号		34-+32+<24+<1256032187*#>21
	开户行及账号：	工商银行北京望京支行 1102024500531245326		69>><147>98>785436>-29?92/7

货物或应税劳务名称	规格型号	单位	数量	单价	金额	税率	税额
多功能全自动缝纫机	QT-1	台	1	110 000.00	110 000.00	17%	18 700.00
合　计					¥110 000.00	17%	¥18 700.00
价税合计（大写）	⊗壹拾贰万捌仟柒佰元整				（小写）¥128 700.00		

销货单位	名　称：	杭州诠图科技有限公司	备注	
	纳税人识别号：	330103125057236541		
	地址、电话：	浙江省杭州市余杭区迎宾路555号		杭州诠图科技有限公司
	开户行及账号：	工商银行杭州余杭支行 1220235313546142356		330103125057236541 发票专用章

收款人：王玲　　复核：刘浩然　　开票人：张怡　　销货单位：(章)

第三联 发票联 购买方扣税凭证

凭 3-23-3

固定资产验收单

2017 年 12 月 12 日　　　　　　　　　　　　　　　　编号：002

名称	规格型号	来源	数量	购(造)价	使用年限	预计残值
多功能全自动缝纫机	QT-1	购入	1	￥110 000.00	10 年	￥4 400.00
安装费	月折旧率	建造单位		交工日期	附件	
	0.80%	杭州诠图科技有限公司		2017.12.12		
验收部门	生产部	验收人员	李志刚	管理部门	生产部	管理人员	何强
备注	本缝纫机已经过调试，可投入使用。					

审核：刘涛　　　　　　　　　　　　　　　　　　　　　　　　　　制单：王晓宁

凭 3-23-4

中国工商银行　电汇凭证　（回单）　1

委托日期 2017年12月12日　　　　　　　　　　第0185号

汇款人	全称	北京大华制衣有限公司	收款人	全称	杭州诠图科技有限公司
	账号	11020245005312 45326		账号	12202353135461 42356
	汇出地点	北京市朝阳区		汇入地点	浙江省杭州市/县
汇出行名称		工商银行北京望京支行	汇入行名称		工商银行杭州余杭支行
金额	人民币(大写)	壹拾贰万捌仟柒佰元整			亿千百十万千百十元角分　　￥128 700 00

中国工商银行
北京望京支行
2017.12.12
转讫
(01)

汇出行签章　　支付密码　　　　附加信息及用途：

复核：　　　记账：

凭 3-24-1

北京市增值税专用发票

此联不作报销、扣款凭证使用　　　　NO.01785963

开票日期：2017年12月14日

购货单位	名　称：	河北泰达服饰有限公司	密码区	*+--457-</148<-22-458641516 -22-45*57-</148<**+--416972 45<7+012*-3-65>879458155412 8>><18/56/145>>->9--478131+
	纳税人识别号：	320458974664521789		
	地址、电话：	保定市盛兴西路302号 8467458		
	开户行及账号：	建行保定盛兴支行 320154631278965		

货物或应税劳务名称	规格型号	单位	数量	单价	金　额	税率	税　额
男式衬衫		件	500	200.00	100 000.00	17%	17 000.00
女式衬衫		件	600	180.00	108 000.00	17%	18 360.00
合　　计					￥208 000.00	17%	￥35 360.00
价税合计（大写）	⊗贰拾肆万叁仟叁佰陆拾元整				（小写）￥243 360.00		

销货单位	名　称：	北京大华制衣有限公司	备注	
	纳税人识别号：	91110105485635821D		
	地址、电话：	北京市朝阳区来广营北路888号		
	开户行及账号：	工商银行北京望京支行 1102024500531245326		

收款人：　　复核：　　开票人：王晓宁　　销货单位：（章）

凭 3-24-2

中国建设银行
银 行 汇 票　2

汇票号码25978　　第 3 号

付款期限 壹个月			
出票日期（大写）	贰零壹柒年 壹拾贰月 壹拾肆日	代理付款行：建设银行保定盛兴支行　行号：21035021568	
收款人：	北京大华制衣有限公司	账号：1102024500531245326	
出票金额	人民币（大写）	贰拾肆万叁仟叁佰陆拾元整	
实际结算金额	人民币（大写）贰拾肆万叁仟叁佰陆拾元整		￥ 2 4 3 3 6 0 0 千百十万千百十元角分
申请人：	河北泰达服饰有限公司	账号或住址：320154631278965	
出票行：	建行保定盛兴支行　行号：		
备　注：		密押　　　　　　　　科目（借） 多余金额　　　　　对方科目（贷） 千百十万千百十元角分　兑付日期　年　月　日 复核　　　记账	
凭票付款 出票行签章			

凭 3-24-3

中国工商银行 进 账 单（收账通知） 3

2017年12月14日　　　　　　　　　　　　　　第 0068 号

付款人	全 称	河北泰达服饰有限公司	收款人	全 称	北京大华制衣有限公司
	账 号	320154631278965		账 号	11020245003 1245326
	开户银行	建设银行保定盛兴支行		开户银行	工商银行北京望京支行

人民币（大写）	贰拾肆万叁仟叁佰陆拾元整	千百十万千百十元角分 ¥2 4 3 3 6 0 0 0

票据种类	银行汇票	票据张数	1
票据号码	No25978		

中国工商银行
北京望京支行
2017.12.14
转讫
(01)

单位主管　　会计　　复核　　记账　　　　　开户银行签章

凭 3-24-4

出 库 单

发货仓库：成品库

提货单位：河北泰达服饰有限公司　　2017 年 12 月 14 日　　　　　编号：003

编号	名称	规格	单位	应发数量	实发数量	单位成本	金　额
201	男式衬衫		件	500	500		
202	女式衬衫		件	600	600		
	合　计						

负责人：　　　　　经发：　　　　　保管：丁立　　　　　制单：丁立

凭 3-25-1

山东省增值税专用发票
抵 扣 联

NO. 38856028

开票日期：2017年12月14日

购货单位	名　　称	北京大华制衣有限公司	密码区	5>87945*+-8<-22-45864151654 -22-45*56/145>>->9-7-</1462 1545<7+01-457-</142*-3-6812 8<*97*+--418>><18/5-478131+
	纳税人识别号	91110105485635821D		
	地址、电话	北京市朝阳区来广营北路888号		
	开户行及账号	工商银行北京望京支行 1102024500531245326		

货物或应税劳务名称	规格型号	单位	数量	单价	金　额	税率	税　额
蓝水洗布		米	1 500	29.00	43 500.00	17%	7 395.00
红水洗布		米	2 000	29.00	58 000.00	17%	9 860.00
合　计					¥101 500.00	17%	¥17 255.00
价税合计（大写）	⊗壹拾壹万捌仟柒佰伍拾伍元整				（小写）¥118 755.00		

销货单位	名　　称	山东开元纺织有限公司	备注	
	纳税人识别号	9137011324 9557148F		
	地址、电话	山东省济南市长清区灵岩路2211号		
	开户行及账号	建设银行济南长清支行 37001707304522111708		

收款人：李慧玲　　复核：宁静芳　　开票人：李慧玲　　销货单位：(章)

凭 3-25-2

山东省增值税专用发票
发 票 联

NO. 38856028

开票日期：2017年12月14日

购货单位	名　　称	北京大华制衣有限公司	密码区	5>87945*+-8<-22-45864151654 -22-45*56/145>>->9-7-</1462 1545<7+01-457-</142*-3-6812 8<*97*+--418>><18/5-478131+
	纳税人识别号	91110105485635821D		
	地址、电话	北京市朝阳区来广营北路888号		
	开户行及账号	工商银行北京望京支行 1102024500531245326		

货物或应税劳务名称	规格型号	单位	数量	单价	金　额	税率	税　额
蓝水洗布		米	1500	29.00	43 500.00	17%	7 395.00
红水洗布		米	2000	29.00	58 000.00	17%	9 860.00
合　计					¥101 500.00	17%	¥17 255.00
价税合计（大写）	⊗壹拾壹万捌仟柒佰伍拾伍元整				（小写）¥118 755.00		

销货单位	名　　称	山东开元纺织有限公司	备注	
	纳税人识别号	91370113249557148F		
	地址、电话	山东省济南市长清区灵岩路2211号		
	开户行及账号	建设银行济南长清支行 37001707304522111708		

收款人：李慧玲　　复核：宁静芳　　开票人：李慧玲　　销货单位：(章)

凭3-25-3

中国工商银行 商业承兑汇票 （存根）

汇票号码 3 第0127号

出票日期（大写）：贰零壹柒年壹拾贰月壹拾肆日

出票人全称	北京大华制衣有限公司	收款人	全 称	山东开元纺织有限公司
出票人账号	1102024500531245326		账 号	37001707304522111708
付款行全称	工商银行北京望京支行		开户银行	建设银行济南长清支行　行号 3458679

出票金额 人民币（大写）：壹拾壹万捌仟柒佰伍拾伍元整　￥118755.00

汇票到期日（大写）	贰零壹捌年零叁月壹拾肆日	付款行	行号	67238
承兑协议编号	2344524		地址	北京市朝阳区望京街108号

备注：　　　　　　　　　复核：　　经办：

（北京大华制衣有限公司 财务专用章）

此联出票人存根

凭3-25-4

收 料 单

供应单位：山东开元纺织有限公司　　　　　编　号：007
材料类别：原材料　　2017年12月14日　　　仓库名称：材料库

编号	材料名称	规格	计量单位	数量 应收	数量 实收	实际价格 单价	实际价格 金额	实际价格 运杂费	实际价格 合计	计划价格 单价	计划价格 金额
101	蓝水洗布		米	1 500	1 500						
102	红水洗布		米	2 000	2 000						

备注：

仓库负责人：李建华　　　保管员：丁立　　　采购员（或经办人）：林红霞

第二联 财务记账

一般纳税人账务处理相关原始凭证

凭3-26-1

费 用 报 销 单

凭3-26-2

2017 年 12 月 14 日　　　　　　　　单据及附件共 1 张

姓名	王梦甜	所属部门	行政办公室	报销形式	现金
				支票号码	
报销项目		摘要		金额	备注：
交通费		过路费		120.00	
				现金付讫	

人民币(大写)：零万零仟壹佰贰拾零元零角零分　　　原借款：　　元　　应退(补)款：120.00 元

审批：刘忠林　　　复核：刘涛　　　出纳：李琳　　　报销人：王梦甜

凭 3-27-1

北京市增值税专用发票

此联不作报销、扣款凭证使用　　　　NO. 01785964

开票日期：2017年12月15日

购货单位	名　　称	北京星海服饰有限公司	密码区	*+--457-</148<-22-458641516 -22-45*57-</148<**+--416972 45<7+012*-3-65>879458155412 8>><18/56/145]->-9--478131+		
	纳税人识别号	91110101657810226E					
	地址、电话	北京市海淀区颐和园西门路65号					
	开户行及账号	交通银行北京海淀支行 110002049053694223647					

货物或应税劳务名称	规格型号	单位	数量	单价	金　额	税率	税　额
男式衬衫		件	100	200.00	20 000.00	17%	3 400.00
女式衬衫		件	150	180.00	27 000.00	17%	4 590.00
合　　计					￥47 000.00	17%	￥7 990.00
价税合计（大写）	⊗伍万肆仟玖佰玖拾元整				（小写）￥54 990.00		

销货单位	名　　称	北京大华制衣有限公司	备注	
	纳税人识别号	91110105485635821D		
	地址、电话	北京市朝阳区来广营北路888号		
	开户行及账号	工商银行北京望京支行 1102024500531245326		

收款人：　　　　复核：　　　　开票人：王晓宁　　　　销货单位：(章)

凭 3-27-2

出　库　单

发货仓库：成品库

提货单位：北京星海服饰有限公司　　2017年12月15日　　　　编号：004

编号	名称	规格	单位	应发数量	实发数量	单位成本	金　额
201	男式衬衫		件	100	100		
202	女式衬衫		件	150	150		
	合　计						

负责人：　　　　经发：　　　　保管：丁立　　　　制单：丁立

凭3-28-1

北京市增值税专用发票

此联不作报销，扣款凭证使用　　　　NO. 01785965

开票日期：2017年12月15日

购货单位	名　　称	浙江科远服饰有限公司	密码区	*+--457-</148<-22-458641516 -22-45*57-</148<**+--416972 45<7+012*-3-65>879458155412 8>><18/56/145>>->9--478131+		
	纳税人识别号	3301014231564698 53				
	地址、电话	浙江省杭州市中山路108号				
	开户行及账号	建行杭州吴山支行 120678539034798				

货物或应税劳务名称	规格型号	单位	数量	单价	金　额	税率	税　额
男式衬衫		件	400	200.00	80 000.00	17%	13 600.00
女式衬衫		件	600	180.00	108 000.00	17%	18 360.00
合　　计					¥188 000.00	17%	¥31 960.00
价税合计（大写）	⊗贰拾壹万玖仟玖佰陆拾元整				（小写）¥219 960.00		

销货单位	名　　称	北京大华制衣有限公司	备注	
	纳税人识别号	91110105485635821D		
	地址、电话	北京市朝阳区来广营北路888号		
	开户行及账号	工商银行北京望京支行 1102024500531245326		

收款人：　　　　复核：　　　　开票人：王晓宁　　　　销货单位：(章)

凭3-28-2

出　库　单

发货仓库：成品库

提货单位：浙江科远服饰有限公司　　　2017年12月15日　　　编号：005

编号	名称	规格	单位	应发数量	实发数量	单位成本	金　额
201	男式衬衫		件	400	400		
202	女式衬衫		件	600	600		
	合　计						

负责人：　　　　经发：　　　　保管：丁立　　　　制单：丁立

凭 3-28-3

商业承兑汇票　　（卡片）

出票日期（大写）　贰零壹柒年壹拾贰月壹拾伍日　　汇票号码 第10235号

付款人	全称	浙江科远服饰有限公司	收款人	全称	北京大华有责任公司
	账号	120678539034798		账号	1102024500531245326
	开户银行	建设银行杭州吴山支行　行号 56234		开户银行	工商银行北京望京支行　行号 67238

出票金额 人民币（大写）　贰拾壹万玖仟玖佰陆拾元整　　￥219960.00

汇票到期日　贰零壹捌年零叁月壹拾伍日　　交易合同号码

本汇票已经承兑，到期无条件支付票款　　本汇票请予以承兑于到期日付款

承兑人签章
承兑日期　2017年12月15日

出票人签章

凭 3-29-1

中国太平洋保险公司保险费发票

北京市　　发票代码：810156424615
2017年12月15日填制　　发票号码：00052454

交款人	北京大华制衣有限公司	付款方式	支票
交款事由	财产保险费		74695
金额（大写）	人民币壹仟贰佰元整		
盖章：			

会计主管：　记账：　审核：　出纳：　经办：张素芳

第二联　客户联

凭 3-29-2

```
中国工商银行
转账支票存根
74919027
18290583

附加信息 _____
          _____

出票日期  2017 年 12 月 15 日

收款人：太平洋保险公司北京分公司
金　额：￥1 200.00
用　途：支付财产保险费
备　注：

单位主管：刘涛    会计：王晓宁
```

凭 3-30-1

中国工商银行 托收承付凭证 （回单）

委托日期：2017 年 12 月 11 日　　　　　　No.20131135

收款人	全 称	北京大华制衣有限公司	付款人	全 称	浙江瑞菲服饰有限公司
	账 号	11020245005312453226		账 号	122622578895234
	开户银行	工商银行北京望京支行		开户银行	工商银行杭州庆春路支行

委托收款金额	人民币（大写）肆拾捌万柒仟柒佰贰拾元整	千百十万千百十元角分
		￥487 2 0 0 0

| 附寄单据 | 4 | 商品发运情况 | 铁路运输 | 合同号码 | 5820 |

| 备注：电划 | 中国工商银行 本托收款项有关单证等件，请予办理托收 2017.12.16 转讫 (01) 收款人盖章 2017年12月16日 | 科目（借） 对方科目（贷） 汇出行汇出日期　年 月 日 复核　　记账 收款人开户银行收到日期 2017年12月16日 |

此联是银行给收款人的回单

凭 3-31-1

北京市增值税专用发票
抵 扣 联
NO.48193502

开票日期：2017年12月16日

购货单位	名称：	北京大华制衣有限公司	密码区	985-78>35-417162-*4>85**846 7-<1-90+--4641/148<-32516*5 6/2356#*54/>5674932*7-4-2*- 47>5436>-298>789?92/769>><1		
	纳税人识别号：	91110105485635821D				
	地址、电话：	北京市朝阳区来广营北路888号				
	开户行及账号：	工商银行北京望京支行 1102024500531245326				

货物或应税劳务名称	规格型号	单位	数量	单价	金额	税率	税额
电信基础服务					1 801.80	11%	198.20
合计					¥1 801.80	11%	¥198.20
价税合计（大写）	⊗贰仟元整				（小写）¥2 000.00		

销货单位	名称：	中国电信股份有限公司北京分公司	备注	（发票专用章）
	纳税人识别号：	911010610789203456		
	地址、电话：	北京市朝阳区望京街9号		
	开户行及账号：	交通银行北京望京支行 110001059671025667132		

收款人：　　　　复核：　　　　开票人：金诗文　　　　销货单位：（章）

凭 3-31-2

北京市增值税专用发票
发 票 联
NO.48193502

开票日期：2017年12月16日

购货单位	名称：	北京大华制衣有限公司	密码区	985-78>35-417162-*4>85**846 7-<1-90+--4641/148<-32516*5 6/2356#*54/>5674932*7-4-2*- 47>5436>-298>789?92/769>><1		
	纳税人识别号：	91110105485635821D				
	地址、电话：	北京市朝阳区来广营北路888号				
	开户行及账号：	工商银行北京望京支行 1102024500531245326				

货物或应税劳务名称	规格型号	单位	数量	单价	金额	税率	税额
电信基础服务					1 801.80	11%	198.20
合计					¥1 801.80	11%	¥198.20
价税合计（大写）	⊗贰仟元整				（小写）¥2 000.00		

销货单位	名称：	中国电信股份有限公司北京分公司	备注	（发票专用章）
	纳税人识别号：	911010610789203456		
	地址、电话：	北京市朝阳区望京街9号		
	开户行及账号：	交通银行北京望京支行 110001059671025667132		

收款人：　　　　复核：　　　　开票人：金诗文　　　　销货单位：（章）

凭 3-31-3

北京市增值税专用发票
抵扣联
NO. 48193503

开票日期：2017年12月16日

购货单位	名　　称：	北京大华制衣有限公司	密码区	985-78>35-417162-*4>85**846
	纳税人识别号：	911101105485635821D		7-<1-90+--4641/148<-32516*5
	地址、电话：	北京市朝阳区来广营北路888号		6/2356#*54/>5674932*7-4-2*-
	开户行及账号：	工商银行北京望京支行		47>5436>-298>789?92/769>><1
		1102024500531245326		

货物或应税劳务名称	规格型号	单位	数量	单价	金额	税率	税额
电信基础服务					754.72	6%	45.28
合　　计					¥754.72	6%	¥45.28

价税合计（大写）	⊗捌佰元整	（小写）¥800.00

销货单位	名　　称：	中国电信股份有限公司北京分公司	备注	
	纳税人识别号：	911010610789203456		
	地址、电话：	北京市朝阳区望京街9号		
	开户行及账号：	交通银行北京望京支行		
		11000105967102566 7132		

收款人：　　　复核：　　　开票人：金诗文　　　销货单位：(章)

凭 3-31-4

北京市增值税专用发票
发票联
NO. 48193503

开票日期：2017年12月16日

购货单位	名　　称：	北京大华制衣有限公司	密码区	985-78>35-417162-*4>85**846
	纳税人识别号：	911101105485635821D		7-<1-90+--4641/148<-32516*5
	地址、电话：	北京市朝阳区来广营北路888号		6/2356#*54/>5674932*7-4-2*-
	开户行及账号：	工商银行北京望京支行		47>5436>-298>789?92/769>><1
		1102024500531245326		

货物或应税劳务名称	规格型号	单位	数量	单价	金额	税率	税额
电信基础服务					754.72	6%	45.28
合　　计					¥754.72	6%	¥45.28

价税合计（大写）	⊗捌佰元整	（小写）¥800.00

销货单位	名　　称：	中国电信股份有限公司北京分公司	备注	
	纳税人识别号：	911010610789203456		
	地址、电话：	北京市朝阳区望京街9号		
	开户行及账号：	交通银行北京望京支行		
		11000105967102566 7132		

收款人：　　　复核：　　　开票人：金诗文　　　销货单位：(章)

凭 3-31-5

中国工商银行 同城委托收款凭证 （支款通知）

委托日期：2017 年 12 月 16 日　　　　　　　　No.2425641

付款人	全　称	北京大华制衣有限公司	收款人	全　称	中国电信股份有限公司北京分公司
	账　号	1102024500531245326		账　号	11000105967102566 7132
	开户银行	工商银行北京望京支行		开户银行	交通银行北京望京支行

委托收款金额	人民币（大写）贰仟捌佰元整			千百十万千百十元角分 ￥ 2 8 0 0 0 0
款项内容		合同号		凭证张数　1
电话费及网络服务费		注意事项： 1.上列款项为见票全额付款 2.上列款项若有误请与收款单位协商解决		中国工商银行 北京望京支行 2017.12.16 转讫
备注：				
会计　　　　复核　　　　记账			支付日期2017年12月16日	

凭 3-32-1

中国工商银行　电汇凭证　（回单）　1

委托日期　2017年12月17日　　　　　　　第0185号

汇款人	全　称	北京大华制衣有限公司	收款人	全　称	山西华兴有限责任公司
	账　号	1102024500531245326		账　号	1416206006687 93787966
	汇出地点	北京市朝阳区		汇入地点	山西省太原市/县
	汇出行名称	工商银行北京望京支行		汇入行名称	交通银行太原杏花岭支行

金额	人民币（大写）壹拾万元整		亿千百十万千百十元角分 ￥ 1 0 0 0 0 0 0 0
	中国工商银行 北京望京支行 2017.12.17 转讫 (01)	支付密码 附加信息及用途：	
	汇出行签章	复核：　　　　记账：	

附录三　一般纳税人账务处理相关原始凭证

凭 3-33-1

北京市增值税专用发票

此联不作报销、扣款凭证使用　　NO.01785966

开票日期：2017年12月18日

购货单位	名　称：	上海申嘉商贸有限公司	密码区	*+--457-</148<-22-458641516 -22-45*57-</148<**+--416972 45<7+012*-3-65>879458155412 8>><18/56/145>>->9--478131+
	纳税人识别号：	913101045782635263		
	地址、电话：	上海市中山路99号021-66404588		
	开户行及账号：	建行上海中山路支行 3104205367038945625		

货物或应税劳务名称	规格型号	单位	数量	单价	金额	税率	税额
男式衬衫		件	400	200.00	80 000.00	17%	13 600.00
女式衬衫		件	500	180.00	90 000.00	17%	15 300.00
合　计					¥170,000.00	17%	¥28 900.00
价税合计（大写）	⊗壹拾玖万捌仟玖佰元整				（小写）¥198 900.00		

销货单位	名　称：	北京大华制衣有限公司	备注	（北京大华制衣有限公司 91110105485635821D 发票专用章）
	纳税人识别号：	91110105485635821D		
	地址、电话：	北京市朝阳区来广营北路888号		
	开户行及账号：	工商银行北京望京支行 1102024500531245326		

收款人：　　　　复核：　　　　开票人：王晓宁　　　　销货单位:(章)

凭 3-33-2

中国工商银行　电汇凭证（收账通知或取款收据）

第　　号

委托日期　2017年12月18日　　4　　应解汇款编号

汇款人	全　称	上海申嘉商贸有限公司	收款人	全　称	北京大华制衣有限公司
	账　号	3104205367038945625		账　号	1102024500531245326
	汇出地点	上海市徐汇区		汇入地点	北京市朝阳区
汇出行名称		建设银行上海中山路支行	汇入行名称		工商银行北京望京支行

金额	人民币（大写）	壹拾玖万捌仟玖佰元整	亿	千	百	十	万	千	百	十	元	角	分
						¥	1	9	8	9	0	0	0

汇款用途：货款　如需加急,请在括号内注明（　）　　支付密码

（中国工商银行
北京望京支行
2017.12.18
转讫
(01)）

附加信息及用途：

汇出行签章　　　　　　　复核：　　　　记账：

凭 3-33-3

出 库 单

发货仓库：成品库
提货单位：上海申嘉商贸有限公司　　2017 年 12 月 18 日　　　　　　　　编号：006

编号	名称	规格	单位	应发数量	实发数量	单位成本	金　额
201	男式衬衫		件	400	400		
202	女式衬衫		件	500	500		
	合　　计						

负责人：　　　　　经发：　　　　　　　　保管：丁立　　　　　　　制单：丁立

凭 3-34-1

北京市增值税普通发票

发票联

NO. 08952585

开票日期：2017年12月19日

购货单位	名　称	北京大华制衣有限公司	密码区	2*-4-78>356/2356#*->85**846 48<-32516*57-<1-90+--4641/1 54/>56744198562-**7-4-71932 9?92/769>><147/5436>-298>78
	纳税人识别号	91110105485635821D		
	地址、电话	北京市朝阳区来广营北路888号		
	开户行及账号	工商银行北京望京支行 1102024500531245326		

货物或应税劳务名称	规格型号	单位	数量	单价	金　额	税率	税　额
食品		箱	20	128.21	2 564.10	17%	435.90
合　　计					¥2 564.10	17%	¥435.90
价税合计（大写）	⊗叁仟元整			（小写）¥3 000.00			

销货单位	名　称	北京兴欣食品有限公司	备注	（北京兴欣食品有限公司 911010689654562335 发票专用章）
	纳税人识别号	911010689654526335		
	地址、电话	北京市朝阳区望京街155号		
	开户行及账号	工商银行北京望京支行 1102025589642400315		

收款人：　　　　复核：　　　　开票人：程丽　　　销货单位：（章）

凭 3-34-2

费 用 报 销 单

2017 年 12 月 19 日　　　　　　　　单据及附件共 1 张

姓名	王梦甜	所属部门	行政办公室	报销形式	转账支票	
				支票号码	18290584	
报销项目		摘要		金额		备注:
福利费		购买食品		3 000.00		
				转账付讫		

人民币(大写):零万叁仟零佰零拾零元零角零分　　　　原借款:　　元　　应退(补)款:3 000.00 元

审批:刘忠林　　　复核:刘涛　　　出纳:李琳　　　报销人:王梦甜

凭 3-34-3

中国工商银行
转账支票存根
74919027
18290584

附加信息＿＿＿＿＿＿＿＿＿＿
＿＿＿＿＿＿＿＿＿＿＿＿＿

出票日期　2017 年 12 月 19 日

| 收款人:北京兴欣食品有限公司 |
| 金　额:￥3 000.00 |
| 用　途:支付食品款 |
| 备　注: |

单位主管:刘涛　　会计:王晓宁

凭 3-35-1

北京市增值税专用发票
抵扣联

NO. 13573652

开票日期：2017年12月20日

购货单位	名称：	北京大华制衣有限公司			密码区	16*57-<1-92*-4-78)63->8*846 56/2356#*48<-3250+--45*41/1 36>-298>7854/>567*7-4-71932 44198562-*9?92/769>><147}54		
	纳税人识别号：	91110105485635821D						
	地址、电话：	北京市朝阳区来广营北路888号						
	开户行及账号：	工商银行北京望京支行 1102024500531245326						
货物或应税劳务名称	规格型号	单位	数量	单价	金额	税率	税额
工程款			1		500 000.00	11%	55 000.00
合　计					¥500 000.00	11%	¥55 000.00
价税合计（大写）	⊗伍拾伍万伍仟元整				（小写）¥555 000.00		
销货单位	名称：	北京市第三建筑有限公司			备注	（发票专用章）		
	纳税人识别号：	911010522068113612						
	地址、电话：	北京市朝阳区和平街203号						
	开户行及账号：	建设银行北京和平街支行 01011200568330057221						

收款人：　　　　复核：　　　　开票人：王静　　　　销货单位：(章)

凭 3-35-2

北京市增值税专用发票
发票联

NO. 13573652

开票日期：2017年12月20日

购货单位	名称：	北京大华制衣有限公司			密码区	16*57-<1-92*-4-78)63->8*846 56/2356#*48<-3250+--45*41/1 36>-298>7854/>567*7-4-71932 44198562-*9?92/769>><147}54		
	纳税人识别号：	91110105485635821D						
	地址、电话：	北京市朝阳区来广营北路888号						
	开户行及账号：	工商银行北京望京支行 1102024500531245326						
货物或应税劳务名称	规格型号	单位	数量	单价	金额	税率	税额
工程款			1		500 000.00	11%	55 000.00
合　计					¥500 000.00	11%	¥55 000.00
价税合计（大写）	⊗伍拾伍万伍仟元整				（小写）¥555 000.00		
销货单位	名称：	北京市第三建筑有限公司			备注	（发票专用章）		
	纳税人识别号：	911010522068113612						
	地址、电话：	北京市朝阳区和平街203号						
	开户行及账号：	建设银行北京和平街支行 01011200568330057221						

收款人：　　　　复核：　　　　开票人：王静　　　　销货单位：(章)

凭 3-35-3

中国工商银行
转账支票存根
74919027
18290585

附加信息＿＿＿＿＿＿＿＿＿
＿＿＿＿＿＿＿＿＿＿＿＿＿

出票日期 2017年12月20日

收款人：	北京市第三建筑有限公司
金　额：	¥555 000.00
用　途：	预付工程款
备　注：	

单位主管：刘涛　　会计：王晓宁

凭 3-36-1

中国工商银行　信汇凭证（收账通知或取款收据）

第　号　　4　应解汇款编号

委托日期 2017年12月20日

汇款人	全　称	天津北盛有限公司	收款人	全　称	北京大华制衣有限公司
	账　号	420118976536422		账　号	11020245005312453266
	汇出地点	天津市南开区		汇入地点	北京市朝阳区
	汇出行名称	建设银行天津南开支行		汇入行名称	工商银行北京望京支行

金额 人民币（大写）　壹拾万元整

亿	千	百	十	万	千	百	十	元	角	分
			¥1	0	0	0	0	0	0	0

汇款用途：预付款　如需加急，请在括号内注明（　）

支付密码

中国工商银行
北京望京支行
2017.12.20
转讫
(01)

附加信息及用途：

汇出行签章　　　　　　　　　复核：　　记账：

凭 3-37-1

中国工商银行　业务回单　（收款）

自助回单专用凭证

日期：2017 年 12 月 21 日　　回单编号：153200000001

付款人户名：　　　　　　　　　付款人开户行：
付款人账号（卡号）：
收款人户名：北京大华制衣有限公司　　收款人开户行：工商银行北京望京支行
收款人账号（卡号）：1102024500531245326
金额：陆佰捌拾肆元捌角肆分　　　小写：￥684.84
业务（产品）种类：利息入账　　凭证种类：000000000　　凭证号码：000000000000000000000
摘要：利息　　　　　　　　　　用途：　　　　　　　　　币种：人民币
交易机构：0040200236　　　　　记账柜员：00001　　　　交易代码：60012　　渠道：其他渠道
起息日期：2017-09-21　　　　　止息日期：2017-12-20　利率：0.35%　　利息：684.84
计息账户账号：1102024500531245326

打印状态：正常　　　　　　　　打印日期：2017 年 12 月 21 日　打印柜员：0009　　验证码：63829184375

凭 3-37-2

交通银行　业务回单　（收款）

自助回单专用凭证

日期：2017 年 12 月 21 日　　回单编号：185230000001

付款人户名：　　　　　　　　　付款人开户行：
付款人账号（卡号）：
收款人户名：北京大华制衣有限公司　　收款人开户行：交通银行北京望京支行
收款人账号（卡号）：110002049052486253265
金额：肆元肆角柒分　　　　　　小写：￥4.47
业务（产品）种类：利息入账　　凭证种类：000000000　　凭证号码：000000000000000000000
摘要：利息　　　　　　　　　　用途：　　　　　　　　　币种：人民币
交易机构：0010225612　　　　　记账柜员：00001　　　　交易代码：60012　　渠道：其他渠道
起息日期：2017-09-21　　　　　止息日期：2017-12-20　利率：0.35%　　利息：4.47
计息账户账号：110002049052486253265

打印状态：正常　　　　　　　　打印日期：2017 年 12 月 21 日　打印柜员：0006　　验证码：15682367586

凭 3-38-1

现金盘点报告表

2017 年 12 月 21 日

单位名称：北京大华制衣有限公司

实存金额	账存金额	盈亏情况		备 注
		盘盈数	盘亏数	
		50.00		

处理意见：

主管：刘涛　　　　　　会计：王晓宁　　　　　　核点：李琳

凭 3-39-1

山西省增值税专用发票

抵 扣 联

NO. 05645961

开票日期：2017年12月21日

购货单位	名　称	北京大华制衣有限公司	密码区	54136845<7+0122+<24<1248<-< 48<-22-458641*+--457-</1516 568*+7478/>+*-4-78>87945812 8>><147819/92/279>>->931972			
	纳税人识别号	911101105485635821D					
	地址、电话	北京市朝阳区来广营北路888号					
	开户行及账号	工商银行北京望京支行 1102024500531245326					
货物或应税劳务名称	规格型号	单位	数量	单价	金　额	税率	税　额
蓝水洗布		米	2 000	29.00	58 000.00	17%	9 860.00
红水洗布		米	2 000	29.00	58 000.00	17%	9 860.00
合　计					￥116 000.00	17%	￥19 720.00
价税合计（大写）	⊗壹拾叁万伍仟柒佰贰拾元整				（小写）￥135 720.00		
销货单位	名　称	山西华兴有限责任公司	备注				
	纳税人识别号	91140107779551913J					
	地址、电话	山西省太原市杏花岭区五一路69号					
	开户行及账号	交通银行太原杏花岭支行 141620600668793787966					

收款人：　　　　复核：　　　　开票人：刘欣欣　　　　销货单位：(章)

凭 3-39-2

山西省增值税专用发票

发票联

NO.05645961

开票日期：2017年12月21日

购货单位	名　　称	北京大华制衣有限公司	密码区	54136845<7+0122+<24<1248<-< 48<-22-458641*+--457-</1516 568*+7478/>+*-4-78>87945812 8>><147819/92/279>>->931972		
	纳税人识别号	91110105485635821D					
	地址、电话	北京市朝阳区来广营北路888号					
	开户行及账号	工商银行北京望京支行 1102024500531245326					

货物或应税劳务名称	规格型号	单位	数量	单价	金额	税率	税额
蓝水洗布		米	2 000	29.00	58 000.00	17%	9 860.00
红水洗布		米	2 000	29.00	58 000.00	17%	9 860.00
合　计					￥116 000.00	17%	￥19 720.00
价税合计（大写）	⊗壹拾叁万伍仟柒佰贰拾元整				（小写）￥135 720.00		

销货单位	名　　称	山西华兴有限责任公司	备注	（山西华兴有限责任公司 91140107779551913J 发票专用章）
	纳税人识别号	91140107779551913J		
	地址、电话	山西省太原市杏花岭区五一路69号		
	开户行及账号	交通银行太原杏花岭支行 141620600668793787966		

收款人： 　　复核： 　　开票人：刘欣欣 　　销货单位：(章)

凭 3-39-3

山西省增值税专用发票

抵扣联

NO.05644242

开票日期：2017年12月21日

购货单位	名　　称	北京大华制衣有限公司	密码区	5413-<684<1248<-<48<-22-458 641*+--457/151645<7+0122+<2 79>>->93478/>+*-4-78>879812 19568*+78>><147819/92/27245
	纳税人识别号	911101105485635821D		
	地址、电话	北京市朝阳区来广营北路888号		
	开户行及账号	工商银行北京望京支行 1102024500531245326		

货物或应税劳务名称	规格型号	单位	数量	单价	金额	税率	税额
运输费			1	900.90	900.90	11%	99.10
合　计					￥900.90	11%	￥99.10
价税合计（大写）	⊗壹仟元整				（小写）￥1 000.00		

销货单位	名　　称	山西鹏顺物流有限公司	备注	起运地：太原市 到达地：北京市 车种车号：载货车　晋A E369F 运输货物信息：布料 （山西鹏顺物流有限公司 911401075664238007 发票专用章）
	纳税人识别号	911401075664238007		
	地址、电话	山西省太原市杏花岭区五一路15号		
	开户行及账号	交通银行太原杏花岭支行 141620600795322197702		

收款人： 　　复核： 　　开票人：陈淑华 　　销货单位：(章)

凭 3-39-4

山西省增值税专用发票

发票联

NO. 05644242

开票日期：2017年12月21日

购货单位	名　　称：	北京大华制衣有限公司	密码区	5413-<684<1248<-<48<-22-458
	纳税人识别号：	91110105485635821D		641*+--457/151645<7+0122+<2
	地址、电话：	北京市朝阳区来广营北路888号		79>>->93478/>+*-4-78/879812
	开户行及账号：	工商银行北京望京支行 11020245005312453261		19568*+78>><147819/92/27245

货物或应税劳务名称	规格型号	单位	数量	单价	金额	税率	税额
运输费			1	900.90	900.90	11%	99.10
合　　计					¥900.90	11%	¥99.10

价税合计（大写）	⊗壹仟元整	（小写）¥1 000.00

销货单位	名　　称：	山西鹏顺物流有限公司	备注	起运地：太原市
	纳税人识别号：	911401075664238007		到达地：北京市
	地址、电话：	山西省太原市杏花岭区五一路15号		车种车号：载货车　晋A E369F
	开户行及账号：	交通银行太原杏花岭支行 14162060079532219702		运输货物信息：布料

收款人：　　　复核：　　　开票人：陈淑华　　　销货单位：(章)

凭 3-39-5

收　料　单

供应单位：山西华兴有限责任公司　　　　　　　　　编　号：008

材料类别：原材料　　　　2017年12月21日　　　　仓库名称：材料库

编号	材料名称	规格	计量单位	数量		实际价格				计划价格	
				应收	实收	单价	金额	运杂费	合计	单价	金额
101	蓝水洗布		米	2 000	2 000						
102	红水洗布		米	2 000	2 000						

备注：

仓库负责人：李建华　　　　保管员：丁立　　　　采购员（或经办人）：林红霞

凭 3-40-1

中国工商银行 现金进账单（回单或收账通知）①

2017年12月22日　　　　　　　第 12 号

收款人	全称	北京大华制衣有限公司									开户银行	工商银行北京望京支行							
	账号	1102024500531245326									款项来源								
人民币（大写）	陆仟肆佰元整										十万	千	百	十	元	角	分		
											¥	6	4	0	0	0	0		

票面	张数	十万	千	百	十	元	角	分	票面	张数	百	十	元	角	分
壹佰元	56		5	6	0	0	0	0	伍角						
伍拾元	8			4	0	0	0	0	贰角						
贰拾元									壹角						
拾元	22			2	2	0	0	0	伍分						
伍元	36			1	8	0	0	0	贰分						
贰元									壹分						
壹元															

中国工商银行
北京望京支行
2017.12.22
现金收讫
(01)

（收款银行盖章）

收银员　　复核员

凭 3-41-1

北京市增值税专用发票

此联不作报销、扣款凭证使用　　　　　NO.01785967

开票日期：2017年12月23日

购货单位	名称	北京星海服饰有限公司	密码区	*+--457-</148<-22-458641516 -22-45*57-</148<**+--416972 45<7+012*-3-65>879458155412 8>><18/56/145>>->9--478131+
	纳税人识别号	91110101657810226E		
	地址、电话	北京市海淀区颐和园西门路65号		
	开户行及账号	交通银行北京海淀支行 110002049053694223647		

货物或应税劳务名称	规格型号	单位	数量	单价	金额	税率	税额
男式衬衫		件	250	200.00	50 000.00	17%	8 500.00
女式衬衫		件	300	180.00	54 000.00	17%	9 180.00
合　计					¥104 000.00	17%	¥17 680.00
价税合计（大写）	⊗壹拾贰万壹仟陆佰捌拾元整				（小写）¥121 680.00		

销货单位	名称	北京大华制衣有限公司	备注	
	纳税人识别号	91110105485635821D		
	地址、电话	北京市朝阳区来广营北路888号		
	开户行及账号	工商银行北京望京支行 1102024500531245326		

北京大华制衣有限公司
91110105485635821D
发票专用章

收款人：　　复核：　　开票人：王晓宁　　销货单位：（章）

凭 3-41-2

出 库 单

发货仓库:成品库

提货单位:北京星海服饰有限公司　　2017 年 12 月 23 日　　　　　　　编号:007

编号	名称	规格	单位	应发数量	实发数量	单位成本	金　额
201	男式衬衫		件	250	250		
202	女式衬衫		件	300	300		
	合　计						

负责人:　　　　　　经发:　　　　　　保管:丁立　　　　　　制单:丁立

第二联　财务记账

凭 3-42-1

现金盘点报告表

2017 年 12 月 21 日

单位名称:北京大华制衣有限公司

实存金额	账存金额	盈亏情况		备　注
		盘盈数	盘亏数	
		50.00		

处理意见：

　　　　　　　　　　　　转入营业外收入

　　　　　　　　　　　　　　　　　　　　　　　刘忠林　2017.12.24

主管:刘涛　　　　　　会计:王晓宁　　　　　　核点:李琳

凭 3-43-1

中国工商银行电子银行转账凭证 （收款）

2017 年 12 月 31 日

付款人名称	李永强	收款人名称	北京大华制衣有限公司
付款人账号	622355624122436	账号	1102024500531245326
付款行名称	工商银行北京花园路支行	开户银行	工商银行北京望京支行
人民币	伍拾万元整		¥500 000.00
用途	投资款	业务类型	汇划收报
备注			

已打印 001 次　　　　　　　　　　　银行签章：

凭 3-44-1

北京市增值税专用发票

抵 扣 联　　　　　　　　　　　NO. 08235682

开票日期：2017年12月31日

购货单位	名　称：	北京大华制衣有限公司	密码区	48<**+--41652-45-49*+864516 97245>>->9---4-22-45*57-</1 48/56/145<12*-3-65>875-41-2 127-</148<-2457+081*+31+-72			
	纳税人识别号：	911101105485635821D					
	地址、电话：	北京市朝阳区来广营北路888号					
	开户行及账号：	工商银行北京望京支行 1102024500531245326					
货物或应税劳务名称	规格型号	单位	数量	单价	金额	税率	税额
工业用水		吨	270	9.50	2 565.00	13%	333.45
合　计					¥2 565.00	13%	¥333.45
价税合计（大写）	⊗贰仟捌佰玖拾捌元肆角伍分				（小写）¥2 898.45		
销货单位	名　称：	北京市自来水公司	备注				
	纳税人识别号：	911101062369626548					
	地址、电话：	北京市望京西路25号					
	开户行及账号：	工商银行北京望京支行 1101062596345625823					

收款人：　　　复核：　　　开票人：高佳颖　　　销货单位：（章）

凭3-44-2

北京市增值税专用发票

发 票 联　　　　　　　　　　　NO. 08235682

开票日期：2017年12月31日

购货单位	名　　称	北京大华制衣有限公司	密码区	48<**+--41652-45-49*+864516 97245>>->9---4-22-45*57-</1 48/56/145<12*-3-65>875-41-2 127-</148<-2457+081*+31+-72
	纳税人识别号	91110105485635821D		
	地址、电话	北京市朝阳区来广营北路888号		
	开户行及账号	工商银行北京望京支行 1102024500531245326		

货物或应税劳务名称	规格型号	单位	数量	单价	金额	税率	税额
工业用水		吨	270	9.50	2 565.00	13%	333.45
合　计					￥2 565.00	13%	￥333.45
价税合计（大写）	⊗贰仟捌佰玖拾捌元肆角伍分			（小写）￥2 898.45			

销货单位	名　　称	北京市自来水公司	备注	
	纳税人识别号	911101062369626548		北京市自来水公司 911101062369626548 发票专用章
	地址、电话	北京市望京西路25号		
	开户行及账号	工商银行北京望京支行 1101062596345625823		

收款人：　　　　复核：　　　　开票人：高佳颖　　　　销货单位：(章)

凭3-44-3

中国工商银行 同城委托收款凭证 （支款通知）

委托日期：2017年 12月 31日　　　　　　No. 2425811

付款人	全　称	北京大华制衣有限公司	收款人	全　称	北京市自来水公司
	账　号	1102024500531245326		账　号	1101062596345625823
	开户银行	工商银行北京望京支行		开户银行	工商银行北京望京支行

委托收款金额	人民币（大写）贰仟捌佰玖拾捌元肆角伍分			千百十万千百十元角分 ￥2 8 9 8 4 5
款项内容	水费	合同号	凭证张数	1

注意事项：
1. 上列款项为见票全额付款
2. 上列款项若有误请与收款单位协商解决

中国工商银行
北京望京支行
2017.12.31

备注：

会计　　　复核　　　记账　　　　支付日期2017年12月31日

凭 3-44-4

外购水费分配表

编制单位：北京大华制衣有限公司　　2017 年 12 月 31 日　　金额单位：元

受益对象	耗用量（吨）	分配率	分配金额
生产部	230	9.50	
销售部	8	9.50	
管理部门	32	9.50	
合　计	270		

审核：刘涛　　　　　　记账：　　　　　　　　　　制表：王晓宁

凭 3-45-1

北京市增值税专用发票
抵 扣 联

NO.04879326

开票日期：2017年12月31日

购货单位	名　　称：北京大华制衣有限公司 纳税人识别号：911101105485635821D 地址、电话：北京市朝阳区来广营北路888号 开户行及账号：工商银行北京望京支行 1102024500531245326	密码区	45>>->9--49*+--452-45864516 -22-45*57-</148<**+--416972 5<12*-3-65>875127-</148<-24 5458181>><18/56/1478131+7+0

货物或应税劳务名称	规格型号	单位	数量	单价	金　额	税率	税　额
工业用电		千瓦时	2850	0.88	2 508.00	17%	426.36
合　计					¥2 508.00	17%	¥426.36

价税合计（大写）　⊗贰仟玖佰叁拾肆元叁角陆分　　　　（小写）¥2 934.36

销货单位	名　　称：北京市电力公司 纳税人识别号：911101062365485236 地址、电话：北京市前门西大街3号 开户行及账号：工商银行北京前门支行 1101062556823352632	备注	北京市电力公司 911101062365485236 发票专用章

收款人：　　　　复核：　　　　开票人：余斌　　　　销货单位：（章）

凭 3-45-2

北京市增值税专用发票
发 票 联

NO. 04878326

开票日期：2017年12月31日

购货单位	名 称：	北京大华制衣有限公司	密码区	45>>->9--49*+--452-45864516 -22-45*57-</148<**+--416972 5<12*-3-65>875127-</148<-24 5458181>><18/56/1478131+7+0
	纳税人识别号：	91110105485635821D		
	地址、电话：	北京市朝阳区来广营北路888号		
	开户行及账号：	工商银行北京望京支行 1102024500531245326		

货物或应税劳务名称	规格型号	单位	数量	单价	金额	税率	税额
工业用电		千瓦时	2 850	0.88	2 508.00	17%	426.36
合 计					¥2 508.00	17%	¥426.36

价税合计（大写）	⊗贰仟玖佰叁拾肆元叁角陆分	（小写）¥2 934.36

销货单位	名 称：	北京市电力公司	备注	北京市电力公司 911101062365485236 发票专用章
	纳税人识别号：	911101062365485236		
	地址、电话：	北京市前门西大街3号		
	开户行及账号：	工商银行北京前门支行 1101062556823352632		

收款人：　　　复核：　　　开票人：余斌　　　销货单位：（章）

凭 3-45-3

中国工商银行 同城委托收款凭证 （支款通知）

委托日期：2017年12月31日　　　No. 2425812

付款人	全 称	北京大华制衣有限公司	收款人	全 称	北京市电力公司
	账 号	1102024500531245326		账 号	1101062556823352632
	开户银行	工商银行北京望京支行		开户银行	工商银行北京前门支行

委托收款金额	人民币（大写）贰仟玖佰叁拾肆元叁角陆分	千	百	十	万	千	百	十	元	角	分
						¥	2	9	3	4	3	6

款项内容	合同号	凭证张数	1
电费			

中国工商银行
北京望京支行
2017.12.31
转讫

注意事项：
1. 上列款项为见票全额付款
2. 上列款项若有误请与收款单位协商解决

备注：　　会计　　复核　　记账　　支付日期2017年12月31日

凭3-45-4

外购电费分配表

编制单位：北京大华制衣有限公司　　2017年12月31日　　　　　金额单位：元

受益对象	耗用量（千瓦时）	分配率	分配金额
生产部	2 470	0.88	
销售部	60	0.88	
管理部门	320	0.88	
合　计	2 850		

审核：刘涛　　　　　　　　　　记账：　　　　　　　　　　　制表：王晓宁

凭3-46-1

发出材料加权平均单位成本计算表

2017年12月31日

名称及型号	本月期初		本月购入		加权平均单价
	数量	金额	数量	金额	
蓝水洗布					
红水洗布					
纽扣					
缝纫线					
辅料					

审核：刘涛　　　　　　　　　　　　　　　　　　　　　　　制表：王晓宁

凭3-46-2

材料分配汇总表

2017年12月31日

产品名称	蓝水洗布			红水洗布			纽扣			缝纫线			辅料			合计
	数量	单价	金额	数量	单价	金额	数量	单价	金额	数量	单价	金额	数量	单价	金额	
男式衬衫	7 200															
女式衬衫				8 700												
车间共同耗用							59 000			520			55			
合　计																

会计主管：　　　　　　审核：　　　　　　记账：　　　　　　制单：

凭 3-46-3

周转材料分配汇总表
2017 年 12 月 31 日

产品名称	包装盒		
	数量	单价	金额
男式衬衫	4 200		
女式衬衫	5 400		
合 计			

会计主管：　　　　审核：　　　　记账：　　　　制单：

凭 3-47-1

无形资产摊销计算表
2017 年 12 月 31 日

应借科目 \ 项目	无形资产		
	计提依据	摊销期限	本月摊销
管理费用	48 000.00	10 年	

会计主管:刘涛　　审核:刘涛　　记账：　　制表:王晓宁

凭 3-48-1

固定资产折旧计提表
2017 年 12 月

单位:元

固定资产类别	使用部门	原价	预计使用年限	净残值率	月折旧率	本期计提金额
房屋及建筑物	管理部门	6 000 000.00	20	4.00%	0.40%	
房屋及建筑物	生产部	8 000 000.00	20	4.00%	0.40%	
生产设备	生产部	475 000.00	10	4.00%	0.80%	
办公设备	管理部门	38 000.00	5	4.00%	1.60%	
运输设备	管理部门	203 200.00	4	4.00%	2.00%	
合 计						

审核:刘涛　　　　　　　　　　　　　　制单:王晓宁

凭 3-49-1

北京大华制衣有限公司工资表

2017 年 12 月

编号	部门	姓名	基本工资	岗位津贴	奖金	餐补	交通补助	缺勤扣款	应发合计	代扣款项 养老保险(8%)	医疗保险(2%+3)	失业保险(0.2%)	住房公积金(12%)	个人所得税	实发工资
1	行政办公室	刘忠林	8 000.00	500.00	2 000.00	400.00	300.00	0.00	11 200.00	896.00	227.00	22.40	1 344.00	487.12	8 223.48
2	行政办公室	王梦甜	5 000.00	500.00	1 000.00	400.00	300.00	0.00	7 200.00	576.00	147.00	14.40	864.00	104.86	5 493.74
3	人力资源部	蒋大为	7 000.00	500.00	1 500.00	400.00	300.00	0.00	9 700.00	776.00	197.00	19.40	1 164.00	299.36	7 244.24
4	财务部	刘 涛	7 000.00	500.00	1 500.00	400.00	300.00	0.00	9 700.00	776.00	197.00	19.40	1 164.00	299.36	7 244.24
5	财务部	王晓宁	6 000.00	500.00	1 000.00	400.00	300.00	0.00	8 200.00	656.00	167.00	16.40	984.00	182.66	6 193.94
6	财务部	李 琳	5 000.00	500.00	1 000.00	400.00	300.00	0.00	7 200.00	576.00	147.00	14.40	864.00	104.86	5 493.74
7	采购部	王达浩	6 000.00	500.00	1 500.00	400.00	500.00	363.64	8 536.36	712.00	181.00	17.80	1 068.00	200.76	6 356.80
8	采购部	林红霞	5 000.00	500.00	1 000.00	400.00	500.00	0.00	7 400.00	592.00	151.00	14.80	888.00	120.42	5 633.78
9	销售部	胡大海	6 000.00	500.00	1 500.00	400.00	600.00	0.00	9 000.00	720.00	183.00	18.00	1 080.00	244.90	6 754.10
10	销售部	毕晶晶	5 000.00	500.00	1 000.00	400.00	600.00	0.00	7 500.00	600.00	153.00	15.00	900.00	128.20	5 703.80
11	生产车间	李志刚	6 000.00	500.00	1 500.00	400.00	300.00	0.00	8 700.00	696.00	177.00	17.40	1 044.00	221.56	6 544.04
12	生产车间	何 强	5 000.00	500.00	1 000.00	400.00	300.00	0.00	7 200.00	576.00	147.00	14.40	864.00	104.86	5 493.74
13	生产车间	孟 欣	4 500.00	500.00	1 000.00	400.00	300.00	545.45	6 154.55	536.00	137.00	13.40	804.00	34.92	4 629.23
14	生产车间	万晓菲	4 500.00	500.00	1 000.00	400.00	300.00	0.00	6 700.00	536.00	137.00	13.40	804.00	65.96	5 143.64
15	生产车间	吴 丹	4 500.00	500.00	1 000.00	400.00	300.00	0.00	6 700.00	536.00	137.00	13.40	804.00	65.96	5 143.64
16	生产车间	张建军	4 000.00	500.00	1 000.00	400.00	300.00	0.00	6 200.00	496.00	127.00	12.40	744.00	39.62	4 780.98
17	生产车间	刘晓红	4 000.00	500.00	1 000.00	400.00	300.00	0.00	6 200.00	496.00	127.00	12.40	744.00	39.62	4 780.98
18	生产车间	吴海军	4 000.00	500.00	1 000.00	400.00	300.00	250.00	5 950.00	496.00	127.00	12.40	744.00	32.12	4 538.48
19	生产部	李秋霞	4 000.00	500.00	1 000.00	400.00	300.00	0.00	6 200.00	496.00	127.00	12.40	744.00	39.62	4 780.98
20	生产部	孙卫国	4 000.00	500.00	1 000.00	400.00	300.00	0.00	6200.00	496.00	127.00	12.40	744.00	39.62	4 780.98
21	仓储部	李建华	5 000.00	500.00	1 500.00	400.00	300.00	0.00	7 700.00	616.00	157.00	15.40	924.00	143.76	5 843.84
22	仓储部	丁 立	4 000.00	500.00	1 000.00	400.00	300.00	0.00	6 200.00	496.00	127.00	12.40	744.00	39.62	4 780.98
	合 计		113 500.00	11 000.00	26 000.00	8 800.00	7 600.00	1 159.09	165 740.91	13 352.00	3 404.00	333.80	20 028.00	3 039.74	125 583.37

总经理:刘忠林　　财务主管:刘涛　　审核:刘忠林　　制表:王晓宁

凭 3-49-2

北京大华制衣有限公司工资结算汇总表
2017 年 12 月

编号	部门	基本工资	岗位津贴	奖金	餐补	交通补助	缺勤扣款	应发合计	代扣款项 养老保险 (8%)	代扣款项 医疗保险 (2%)	代扣款项 失业保险 (0.2%)	代扣款项 住房公积金 (12%)	代扣款项 个人所得税	实发工资
1	行政办公室	13 000.00	1 000.00	3 000.00	800.00	600.00	0.00	18 400.00	1 472.00	374.00	36.80	2 208.00	591.98	13 717.22
2	人力资源部	7 000.00	500.00	1 500.00	400.00	300.00	0.00	9 700.00	776.00	197.00	19.40	1 164.00	299.36	7 244.24
3	财务部	18 000.00	1 500.00	3 500.00	1 200.00	900.00	0.00	25 100.00	2 008.00	511.00	50.20	3 012.00	586.88	18 931.92
4	采购部	11 000.00	1 000.00	2 500.00	800.00	1 000.00	363.64	15 936.36	1 304.00	332.00	32.60	1 956.00	321.18	11 990.58
5	销售部	11 000.00	1 000.00	2 500.00	800.00	1 200.00	0.00	16 500.00	1 320.00	336.00	33.00	1 980.00	373.10	12 457.90
6	车间管理人员	6 000.00	500.00	1 500.00	400.00	300.00	0.00	8 700.00	696.00	177.00	17.40	1 044.00	221.56	6 544.04
7	车间生产人员	38 500.00	4 500.00	9 000.00	3 600.00	2 700.00	795.45	57 504.55	4 664.00	1 193.00	116.60	6 996.00	462.30	44 072.65
8	仓储部	9 000.00	1 000.00	2 500.00	800.00	600.00	0.00	13 900.00	1 112.00	284.00	27.80	1 668.00	183.38	10 624.82
	合计	113 500.00	11 000.00	26 000.00	8 800.00	7 600.00	1 159.09	165 740.91	13 352.00	3 404.00	333.80	20 028.00	3 039.74	125 583.37

总经理：刘忠林　　财务主管：刘涛　　审核：刘忠林　　制表：王晓宁

凭 3-49-3

工资费用分配表
2017 年 12 月 31 日

应借科目		项目	共同耗用分配		
			分配标准(产品生产工时)	分配率	金额
生产成本	男式衬衫	直接人工	1 880 小时		
	女式衬衫	直接人工	2 120 小时		
	小 计		4 000 小时		
	制造费用		—	—	
	销售费用		—	—	
	管理费用		—	—	
	合 计		—	—	

审核:刘涛　　　　　　　　　　　　　　　　　　　　　　　　制单:王晓宁

凭 3-50-1

五险一金分配表
2017 年 12 月 31 日

应借科目		项目	社保基数	养老保险(19%)	医疗保险(10%)	失业保险(0.8%)	工伤保险(1%)	生育保险(0.8%)	住房公积金(12%)	合计
生产成本	男式衬衫	直接人工								
	女式衬衫	直接人工								
	制造费用									
	销售费用									
	管理费用									
	合 计									

审核:刘涛　　　　　　　　　　　　　　　　　　　　　　　　制单:王晓宁

凭3-50-2

工会经费及职工教育经费分配表
2017 年 12 月 31 日

应借科目		项目	应发合计	工会经费 (2%)	职工教育经费 (1.5%)	合计
生产成本	男式衬衫	直接人工				
	女式衬衫	直接人工				
	制造费用					
	销售费用					
	管理费用					
	合 计					

审核：刘涛　　　　　　　　　　　　　　　　　　　　　　　　　制单：王晓宁

凭3-51-1

制造费用分配表
2017 年 12 月 31 日

分配对象 项目	生产工时(实际)	分配率	应分配金额
男式衬衫	1 880		
女式衬衫	2 120		
合 计	4 000		

审核：刘涛　　　　　　　　　　　　　　　　　　　　　　　　　制单：王晓宁

凭3-52-1

产品成本计算单
2017 年 12 月 31 日

完工产量：4 000 套　
在产品数量：600 套　
单位：元

车间名称：
成品名称：男式衬衫

项 目	直接材料	直接人工	制造费用	合 计
期初在产品费用				
本期投入生产费用				
合 计				
完工产品成本				
月末在产品成本				

凭 3-52-2

产品成本计算单

2017 年 12 月 31 日

车间名称：
成品名称：女式衬衫

完工产量：5 000 套
在产品数量：800 套
单位：元

项 目	直接材料	直接人工	制造费用	合 计
期初在产品费用				
本期投入生产费用				
合 计				
完工产品成本				
月末在产品成本				

凭 3-52-3

产成品入库单

交库单位：生产车间　　　　2017 年 12 月 31 日　　　　仓库：成品库
　　　　　　　　　　　　　　　　　　　　　　　　　　　编号：001

编号	名称	规格	计量单位	单位 送检	单位 实收	单位成本	总成本	备注
CP-001	男式衬衫		件	4 000	4 000			
CP-002	女式衬衫		件	5 000	5 000			

仓库主管：李建华　　　　保管员：丁立　　　　记账：王晓宁　　　　填单：丁立

第二联　记账联

凭 3-53-1

产品销售清单

2017 年 12 月 31 日

产品编号	品牌	型号	数量	单价	金额
CP-001	男式衬衫				
CP-002	女式衬衫				
合　计			—	—	

审核：刘涛　　　　　　　　　　　　　　　　　　　　　　　　制单：王晓宁

凭 3-53-2

库存商品加权平均单位成本计算表
2017 年 12 月 31 日

名称及型号	本月期初		本月入库		加权平均单位成本
	数量	金额	数量	金额	
男式衬衫					
女式衬衫					

审核:刘涛　　　　　　　　　　　　　　　　　　　　　　　　制表:王晓宁

凭 3-53-3

商品销售成本计算表
2017 年 12 月 31 日

商品型号	销售数量	单位成本	金　额
男式衬衫			
女式衬衫			
合　计			

审核:刘涛　　　　　　　　　　　　　　　　　　　　　　　　制单:王晓宁

凭 3-54-1

坏账准备计提表
2017 年 12 月 31 日　　　　　　　　　　　　　　　　　　　　单位:元

项目	账面余额	计提比例	应提准备数	账面已提数	应补提(或冲减)数
应收账款		0.50%			
合　计					

会计主管:刘涛　　　　　　　　　　　　　　　　　　　　　　制表:王晓宁

凭 3-55-1

借款利息计算表
2017 年 12 月 31 日　　　　　　　　　　　　　　　　　　　　单位:元

借款种类	本金	年利率	计息时间	利息金额
短期借款		4.35%	12 月 1～31 日	
合　计				

会计主管:刘涛　　　　　　　　　　　　　　　　　　　　　　制表:王晓宁

凭3-56-1

应交增值税计算表
2017年12月31日

项 目	金 额	备 注
销项税额		
加:进项税额转出		
出口退税		
减:进项税额		
已交税金		
减免税款		
出口抵减内销产品应纳税额		
应交增值税额		

审核:刘涛　　　　　　　　　　　　　　　　　　　　　　　制表:王晓宁

凭3-57-1

税金及附加计算表
2017年12月31日

项 目	计提基数			比例	计提金额
	应交增值税	消费税	合计		
城市维护建设税				7%	
教育费附加				3%	
地方教育费附加				2%	
合　计					

审核:刘涛　　　　　　　　　　　　　　　　　　　　　　　制表:王晓宁

凭3-58-1

损益类(收入)账户结转计算表

账户名称	结转前贷方余额	转入本年利润金额
主营业务收入——男式衬衫		
主营业务收入——女式衬衫		
其他业务收入		
公允价值变动损益		
投资收益		
营业外收入		

审核:刘涛　　　　　　　　　　　　　　　　　　　　　　　制表:王晓宁

凭 3-59-1

损益类(费用)账户结转计算表

账户名称	结转前借方余额	转入本年利润金额
主营业务成本——男式衬衫		
主营业务成本——女式衬衫		
其他业务成本		
税金及附加		
销售费用		
管理费用		
财务费用		
资产减值损失		
营业外支出		

审核:刘涛　　　　　　　　　　　　　　　　　　　　　制表:王晓宁

凭 3-60-1

企业所得税计算表

2017 年 10~12 月

项　目	金　额	备　注
会计利润		
减:不计入应纳税所得的收益		
1. 国库券利息收益		
2. 分得税后利润收益		
加:不应抵减应纳税所得额支出		
1. 罚没款支出		
2. 赞助支出		
3. 超计税工资支出		
4. 超标准业务招待费		
应纳税所得额		
适用税率	25%	
应交所得税		

审核:刘涛　　　　　　　　　　　　　　　　　　　　　制表:王晓宁

注:假定无调整项目和暂时性差异。

凭 3-61-1

内部转账单

转账日期：2017 年 12 月 31 日

摘　　要	转账项目	金额
结转本年净利润至"未分配利润"账户	本年利润	
合　　计		

审核：刘涛　　　　　　　　　　　　　　　　　　　　　　　　制表：王晓宁

凭 3-62-1

利润分配计算表

转账日期：2017 年 12 月 31 日

分配项目	分配率	分配金额
法定盈余公积	10%	
任意盈余公积	5%	
合　　计		

审核：刘涛　　　　　　　　　　　　　　　　　　　　　　　　制表：王晓宁

凭 3-63-1

内部转账单

转账日期：2017 年 12 月 31 日

摘　　要	转账项目	金　额
结转利润分配余额至"未分配利润"账户	利润分配——提取法定盈余公积	
结转利润分配余额至"未分配利润"账户	利润分配——提取任意盈余公积	
合　　计		

审核：刘涛　　　　　　　　　　　　　　　　　　　　　　　　制表：王晓宁

凭 3-64-1

资 产 负 债 表

编制单位：　　　　　　　　年　月　日

会企 01
单位：元

资　产	年初余额	期末余额	负债和所有者权益（或股东权益）	年初余额	期末余额
流动资产：			流动负债：		
货币资金			短期借款		
以公允价值计量且其变动计入当期损益的金融资产			以公允价值计量且其变动计入当期损益的金融负债		
应收票据			应付票据		
应收账款			应付账款		
预付款项			预收款项		
应收利息			应付职工薪酬		
应收股利			应交税费		
其他应收款			应付利息		
存货			应付股利		
持有待售资产			其他应付款		
一年内到期的非流动资产			持有待售负债		
其他流动资产			一年内到期的非流动负债		
流动资产合计			其他流动负债		
非流动资产：			流动负债合计		
可供出售金融资产			非流动负债：		
持有至到期投资			长期借款		
长期应收款			应付债券		
长期股权投资			长期应付款		
投资性房地产			专项应付款		
固定资产			预计负债		
在建工程			递延所得税负债		
工程物资			其他非流动负债		
固定资产清理			非流动负债合计		
生产性生物资产			负债合计		
油气资产					
无形资产			所有者权益(或股东权益)：		
开发支出			实收资本(或股本)		
商誉			资本公积		
长期待摊费用			减：库存股		
递延所得税资产			盈余公积		
其他非流动资产			未分配利润		
非流动资产合计			所有者权益（或股东权益)合计		
资产总计			负债和所有者权益（或股东权益)总计		

凭 3-65-1

利 润 表

会企 02

编制单位：　　　　　　　　　　　年　月　　　　　　　　　　单位：元

项　　目	本月数	本年数
一、营业收入		
减：营业成本		
税金及附加		
销售费用		
管理费用		
财务费用		
资产减值损失		
加：公允价值变动收益（损失以"—"号填列）		
投资收益（损失以"—"号填列）		
其中：对联营企业和合营企业的投资收益		
资产处置收益（损失以"—"号填列）		
其他收益		
二、营业利润（亏损以"—"号填列）		
加：营业外收入		
减：营业外支出		
其中：非流动资产处置损失		
三、利润总额（亏损总额以"—"号填列）		
减：所得税费用		
四、净利润（净亏损以"—"号填列）		
（一）持续经营净利润（净亏损以"—"号填列）		
（二）终止经营净利润（净亏损以"—"号填列）		
五、每股收益：		
（一）基本每股收益		
（二）稀释每股收益		
六、其他综合收益		
七、综合收益总额		

凭 3-66-1

增值税纳税申报表
（一般纳税人适用）

根据国家税收法律、法规及增值税相关规定制定本表。纳税人不论有无销售额，均应按税务机关核定的纳税期限填写本表，并向当地税务机关申报。

税款所属时间：　年　月　日至　年　月　日　　填表日期：　年　月　日　　单位：金额：元至角分

纳税人识别号						
纳税人名称		（公章）	法定代表人姓名		注册地址	生产经营地址
开户银行及账号			登记注册类型			电话号码
所属行业：						

	栏次	项 目	一般项目		即征即退项目	
			本月数	本年累计	本月数	本年累计
销售额	1	（一）按适用税率计税销售额				
	2	其中：应税货物销售额				
	3	应税劳务销售额				
	4	纳税检查调整的销售额				
	5	（二）按简易办法计税销售额				
	6	其中：纳税检查调整的销售额				
	7	（三）免、抵、退办法出口销售额				
	8	（四）免税销售额				—	—
	9	其中：免税货物销售额			—	—
	10	免税劳务销售额			—	—
税款计算	11	销项税额				
	12	进项税额				

(续表)

项 目		栏次	一般项目		即征即退项目	
			本月数	本年累计	本月数	本年累计
税款计算	上期留抵税额	13			—	—
	进项税额转出	14			—	—
	免、抵、退应退税额	15			—	—
	按适用税率计算的纳税检查应补缴税额	16			—	—
	应抵扣税额合计	17=12+13－14－15+16		—		—
	实际抵扣税额	18（如17＜11，则为17，否则为11）				
	应纳税额	19=11－18				
	期末留抵税额	20=17－18			—	—
	简易计税办法计算的应纳税额	21				
	按简易计税办法计算的纳税检查应补缴税额	22				
	应纳税额减征额	23				
	应纳税额合计	24=19+21－23				
税款缴纳	期初未缴税额（多缴为负数）	25				
	实收出口开具专用缴款书退税额	26				
	本期已缴税额	27=28+29+30+31		—		—
	①分次预缴税额	28		—		—
	②出口开具专用缴款书预缴税额	29		—		—
	③本期缴纳上期应纳税额	30				

(续表)

项　目	栏次	一般项目		即征即退项目	
		本月数	本年累计	本月数	本年累计
㉔本期缴纳欠缴税额	31				
期末未缴税额(多缴为负数)	32=24+25+26－27				
其中：欠缴税额(≥0)	33=25+26－27		—		—
本期应补(退)税额	34=24－28－29				
即征即退实际退税额	35	—	—		
期初未缴查补税额	36			—	—
本期入库查补税额	37			—	—
期末未缴查补税额	38=16+22+36－37			—	—

申报人声明	本纳税申报表是根据国家税收法律、法规及相关规定填报的，我确定它是真实的、可靠的、完整的。 声明人签字：

授权声明	如果你已委托代理人申报，请填写下列资料： 为代理一切税务事宜，现授权 _____（地址）_____ 为本纳税人的代理申报人，任何与本申报表有关的来往文件，都可寄予此人。 授权人签字：

主管税务机关：　　　　　接收人：　　　　　接收日期：

凭 3-67-1

城建税、教育费附加、地方教育附加税（费）申报表

税款所属期限：自 年 月 日 至 年 月 日　　填表日期： 年 月 日　　金额单位：元至角分

纳税人识别号：

纳税人信息	名称				所属行业		□单位 □个人
	登记注册类型				联系方式		
	身份证号码						

税(费)种	计税(费)依据				税率(征收率)	本期应纳税(费)额	本期减免税(费)额		本期已缴税(费)额	本期应补(退)税(费)额
	增值税		消费税	营业税	合计			减免性质代码	减免额		
	一般增值税	免抵税额									
	1	2	3	4	5=1+2+3+4	6	7=5×6	8	9	10	11=7-9-10
城建税											
教育费附加											
地方教育附加											
合计					—	—					

以下由纳税人填写：

纳税人声明	此纳税申报表是根据《中华人民共和国城市维护建设税暂行条例》《国务院征收教育费附加的暂行规定》《财政部关于统一地方教育附加政策有关问题的通知》和国家有关税收规定填报的，是真实的、可靠的、完整的。		
纳税人签章		代理人签章	代理人身份证号码

以下由税务机关填写：

受理人		受理日期 年 月 日	受理税务机关签章

本表一式两份，一份纳税人留存，一份税务机关留存。
减免性质代码：减免性质代码按照国家税务总局制定下发的最新《减免性质及分类表》中的最细项减免性质代码填报。

凭 3-68-1

扣缴个人所得税报告表

税款所属期：　　年　月　日 至　　年　月　日

扣缴义务人名称：
扣缴义务人编码：□□□□□□□□□□□□□□□

扣缴义务人所属行业：□ 一般行业　□ 特定行业　特定行业月份申报

金额单位：人民币元（列至角分）

序号	姓名	身份证件类型	身份证号码	所得项目	所得期间	收入额	免税所得	税前扣除项目							减除费用	准予扣除的捐赠额	应纳税所得额	税率%	速算扣除数	应纳税额	减免税额	应扣缴税额	已扣缴税额	应补（退）税额	备注
								基本养老保险费	基本医疗保险费	失业保险费	住房公积金	财产原值	允许扣除的税费	其他	合计										
1	2	3	4	5	6	7	8	9	10	11	12	13	14	15	16	17	18	19	20	21	22	23	24	25	26	27
合计																										

谨声明：此扣缴报告表是根据《中华人民共和国个人所得税法》及其实施条例和国家有关税收法律、法规规定填写的，是真实的、完整的、可靠的。

法定代表人（负责人）签字：

扣缴义务人公章：　　　　　　　代理机构（人）签章：　　　　　　　主管税务机关受理专用章：
经办人：　　　　　　　　　　　经办人：　　　　　　　　　　　　　受理人：
填表日期：　　年　月　日　　　经办人执业证件号码：　　　　　　　受理日期：　　年　月　日
　　　　　　　　　　　　　　　代理申报日期：　　年　月　日

国家税务总局监制

凭 3-69-1

中华人民共和国企业所得税月(季)度预缴和年度纳税申报表

税款所属期间： 年 月 日至 年 月 日

纳税人识别号：□□□□□□□□□□□□□□□

纳税人名称： 金额单位：人民币元(列至角分)

项 目			行次	累计金额
一、以下由按应税所得率计算应纳所得税额的企业填报				
应纳税所得额的计算	按收入总额核定应纳税所得额	收入总额	1	
		减：不征税收入	2	
		免税收入	3	
		其中：国债利息收入	4	
		地方政府债券利息收入	5	
		符合条件居民企业之间股息红利等权益性收益	6	
		符合条件的非营利组织收入	7	
		其他免税收入：	8	
		应税收入额(1行－2行－3行)	9	
		税务机关核定的应税所得率(%)	10	
		应纳税所得额(9行×10行)	11	
	按成本费用核定应纳税所得额	成本费用总额	12	
		税务机关核定的应税所得率(%)	13	
		应纳税所得额[12行÷(100%－13行)×13行]	14	
应纳所得税额的计算	税率(25%)		15	
	应纳所得税额(11行×15行或14行×15行)		16	
应补(退)所得税额的计算	减：符合条件的小型微利企业减免所得税额		17	
	其中：减半征税		18	
	已预缴所得税额		19	
	应补(退)所得税额(16行－17行－19行)		20	
二、以下由税务机关核定应纳所得税额的企业填报				
税务机关核定应纳所得税额			21	
预缴申报时填报	是否属于小型微利企业： 是□ 否□			
年度申报时填报	所属行业		从业人数	
	资产总额		国家限制和禁止行业： 是□ 否□	

谨声明：此纳税申报表是根据《中华人民共和国企业所得税法》《中华人民共和国企业所得税法实施条例》和国家有关税收规定填报的，是真实的、可靠的、完整的。

法定代表人(签字)： 年 月 日

纳税人公章： 会计主管： 填表日期： 年 月 日	代理申报中介机构公章： 经办人： 经办人执业证件号码： 代理申报日期： 年 月 日	主管税务机关受理专用章： 受理人： 受理日期： 年 月 日

国家税务总局监制

凭 3-70-1

扣税单证汇总簿封面

企业名称：_____

税款所属时间_____年_____月_____日至_____年_____月_____日

本册单证份数：_____份

金额：_____元　　　　　　　　　　税额：_____元

本册单证总册数：_____册

第_____册

北京市国家税务局印制

凭 3-71-1

认证结果通知书

北京大华制衣有限公司：

　　你单位于2017年12月报送的防伪税控系统开具的专用发票抵扣联共____份，经过认证，认证相符的专用发票____份，税额_____元。现将认证相符的专用发票抵扣联退还给你单位，请查收。

　　请将认证相符专用发票抵扣联与本通知书一起装订成册，作为纳税检查的备查资料。

　　认证详细情况请见本通知所附清单。